Trendy Taschen

Produktion: Florence Bellot
Fotografien: Frédéric Lucano
Model: Marine Klein
Styling: Lélia Deshayes
Illustrationen: Iwona Séris
Grafisches Konzept: Iris Glon

Übersetzung aus dem Französischen:
Anke Wellner-Kempf

Satz der deutschen Ausgabe:
Anke Wellner-Kempf

Umschlaggestaltung:
MWK, Köln

Titel der französischen Ausgabe:
Tendance sacs

7Hill ist ein Imprint der Tandem Verlag GmbH

Gesamtherstellung: Tandem Verlag GmbH, Potsdam
ISBN 978-3-8331-5920-6
Printed in Hungary

10 9 8 7 6 5 4 3 2 1

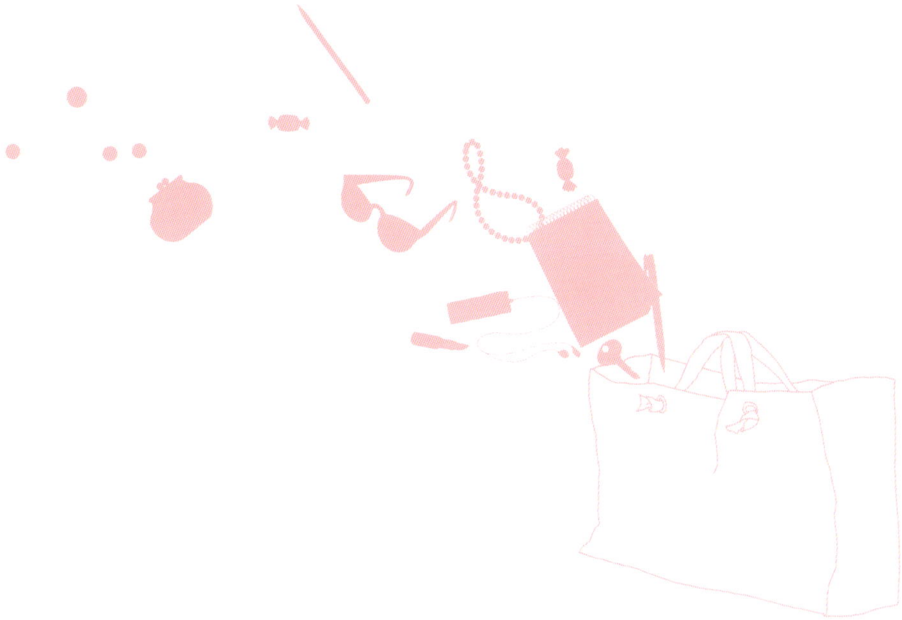

Marie Enderlen-Debuisson / Caroline Laisné

Trendy Taschen

22 Modelle zum Selbernähen

7HILL

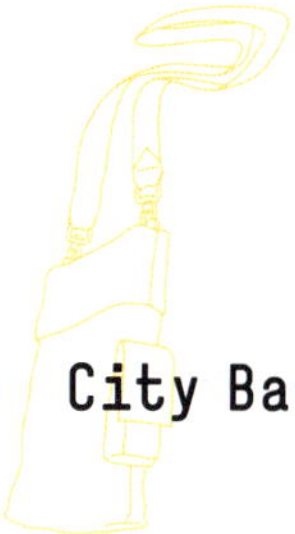

Ausrüstung

Die in diesem Buch vorgestellten Taschen sind alle von Maschine genäht, mit Ausnahme zweier Modelle aus dickem Filz. Für alle Modelle, die ganz oder teilweise aus Stoff bestehen, benötigen Sie ein Bügeleisen und ein Bügelbrett. Hier finden Sie eine Liste mit dem wichtigsten Handwerkszeug.

Näh- und Stecknadeln

- Statten Sie sich mit Nähnadeln verschiedener Stärken und Längen aus. Zusätzlich benötigen Sie spezielle Nähmaschinennadeln für Leder. Für Details, die mit Zwirn oder Perlgarn aufgenäht werden, sind klassische Sticknadeln (mit Spitze) und Chenillenadeln (mit großem Öhr und abgerundeter Spitze) erforderlich.
- Nähmaschinennadeln gibt es in verschiedenen Stärken. Verwenden Sie Stärken 60 bis 75 für leichte Stoffe, Stärken 100 bis 120 für schwere. Ledernadeln verfügen über eine spezielle Schneidspitze. Verwenden Sie sie, wenn Sie durch dickes Material nähen (Bulgomme® oder mehrere dicke Lagen übereinander etc.). Handhaben Sie sie mit Vorsicht, da sie sehr scharf sind.
- Stecknadeln sind unentbehrlich, um die Teile vor dem Zusammennähen aneinanderzufügen. Diejenigen mit farbigen Kugelköpfen sind am einfachsten zu sehen und zu handhaben. Praktisch ist es, sie in ein kleines Kissen zu stecken oder auf einer magnetischen Unterlage bereitzuhalten.
- Um Bänder in Tunnel zu fädeln, benötigen Sie eine Sicherheitsnadel.

Garne

- Verwenden Sie stets, ob Sie von Hand oder mit der Maschine nähen, Garn aus Polyester, da es weniger fusselt als Baumwollgarn.
- Mit Heftfaden können Sie die Teile exakter aneinanderfügen als mit Stecknadeln. Damit er sich aus der fertigen Arbeit problemlos entfernen lässt, sollte er sich farblich deutlich vom Stoff abheben. Wenn Sie das Ende verknoten, sollte dies auf der rechten Stoffseite geschehen, damit der Knoten nicht in der Naht eingeschlossen wird.
- Zum Sticken verwendet man Sticktwist (bestehend aus sechs leicht zu teilenden Fäden), oder Perlgarn (mercerisiert, leicht gedreht).

Zum Messen

- Ein Maßband dient zum Abmessen der Teile und zum Auftragen der Markierungen. Besonders geeignet sind die Modelle aus reiß- und dehnfestem Kunststoff.
- Um die Teile exakt abzumessen, benötigen Sie ferner ein flaches Lineal und ein Winkeldreieck. Praktisch sind auch Patchwork-Lineale: Diese besitzen senkrechte Markierungslinien, die das Abmessen sehr erleichtern.

Zum Markieren

- Mit selbstlöschendem Flüssigmarker aufgetragene Markierungen verschwinden nach einer Zeit von selbst. Andere lassen sich leicht auswaschen. Theoretisch sind Flüssigmarker für alle Stoffe geeignet, man sollte sie aber unbedingt an einem Stoffrest testen. Da die Tinte durch Hitze dauerhaft fixiert wird, dürfen markierte Teile erst gebügelt werden, nachdem die Markierungen vollständig verschwunden sind.
- Für dunkle Stoffe eignen sich Kreidestifte für Textilien. Diese besitzen eine Mine aus weißer Kreide oder heller Farbe.

- Beschichtete Materialien oder Kunststoffe (Wachstuch, beschichtetes Leinen, Bulgomme®, PVC, Acetat ...) markieren Sie mit einem dünnen Kugelschreiber auf der linken Seite.
- Zur Anfertigung kreisrunder Teile ist ein Zirkel erforderlich.
- Um die Vorlagen oder einen Karton zur Verstärkung herzustellen, benötigen Sie Bleistift, Radiergummi und Spitzer (vorzugsweise einen Dosenspitzer).

Zum Schneiden

- Schneiderscheren werden zum Zuschneiden der Stoffe und Garne verwendet. Beschränken Sie ihren Gebrauch ausschließlich auf diesen Zweck, um die Schärfe ihrer Klingen zu erhalten.
- Stickscheren besitzen schmale, spitze Klingen, mit denen sich Fäden dicht am Stoff abschneiden und Nahtzugaben an schwer zugänglichen Stellen zuschneiden lassen.
- Fakultativ sind Zackenscheren: Mit ihnen lassen sich bequem die Saumzugaben bei Rundnähen einschneiden (Siehe Fig. 12, Seite 15). Ein Zickzack-Schnitt kann das Vernähen von Kanten bei Stoffen, die wenig ausfransen, ersetzen.
- Haushaltsscheren dienen zum Zuschneiden der Papiervorlagen sowie aller anderen Materialien außer Stoff (Acetat).
- Verwenden Sie einen Cutter zum Zuschneiden steifer Materialien (dicke Filze, Karton ...). Tauschen Sie die Klinge regelmäßig aus und handhaben Sie ihn mit Vorsicht. Arbeiten Sie auf einer selbstheilenden Schneidematte: Sie schützt die Arbeitsfläche und unterstützt das präzise Zuschneiden. Führen Sie die Klinge bei geraden Schnitten an einem flachen Metalllineal entlang.

Zum Kleben

- Neoprenkleber ist ein sehr kräftiger Kleber. Er eignet sich für alle in diesem Buch vorgestellten Modelle. Beachten Sie bei seiner Verwendung die Hinweise des Herstellers. Das Prinzip besteht darin, auf die Teile, die zusammengeklebt werden, den Klebstoff aufzutragen, ihn antrocknen zu lassen und die Teile dann kräftig aufeinanderzupressen.
- Mit Textilkleber als Spray wird Mollton zwischen ein Hauptteil und ein Futter geklebt. Er ist besonders praktisch für Steppgewebe, weil es die vorbereitende Heftarbeit beschleunigt.

Zubehör, das das Leben vereinfacht

- Ein Fingerhut schützt Ihre Fingerspitzen, insbesondere wenn die Stoffe sehr fest sind. Wählen Sie eine Größe, die auf Ihre Finger passt. Praktisch sind auch biegsame Fingerhüte aus Gummi: Das Material verhindert, dass die Nadel rutscht.
- Mit einem Pfeiltrenner lassen sich Nähte schnell auftrennen und Knopflöcher schlitzen.
- Für Vorlagen eignet sich stabiles Packpapier: Es ist fest und preiswert. Übertragen Sie kleine Vorlagen mithilfe von Pauspapier.
- Besorgen Sie sich Seidenpapier, um es auf Material zu stecken, das sich vom Nähfuß Ihrer Nähmaschine nur schwer transportieren lässt (siehe Tipps und Tricks, Seite 17).

Nähzubehör

Folgendes Zubehör benötigen Sie für jedes Modell:

- Schneiderschere
- Verschiedene Nähnadeln
- Rundkopf-Stecknadeln
- Pfeiltrenner
- Schneidermaßband
- Flaches Lineal oder Patchwork-Lineal

Material

Baumwollstoffe

Die pflegeleichten Baumwollstoffe gibt es in den vielfältigsten Farben, Mustern und Texturen. Die Qualität Ihres Stoffes sollte in Stil und Stabilität für Ihre Arbeit geeignet sein.

Leinengewebe

Die robusten und natürlich wirkenden Leinenstoffe werden besonders wegen ihrer Strapazierfähigkeit geschätzt. Selbst die feinsten Leinenstoffe können sich rauher und steifer anfühlen als Baumwollgewebe. Sie knittern auch viel stärker ... aber das ist Teil ihres Charmes.

Wollstoffe

Sie fühlen sich besonders angenehm an. Man sollte vor ihrer Verwendung jedoch bedenken, dass sie besonders pflegeintensiv sind.

Technische Filze

Sie sind waschbar (im Gegensatz zu Wollfilz), formstabil und müssen an den Kanten nicht versäubert werden. Filze sind 2 bis 5 mm dick. Dünnere Filze können von Maschine bearbeitet werden, dickere müssen von Hand genäht werden (arbeiten Sie mit Ledernadel und Fingerhut). Schneiden Sie gerade Kanten mit Cutter auf einer selbstheilenden Schneidematte und führen Sie die Klinge an einem Metalllineal entlang. Für Kurven eignet sich eine Haushaltsschere.

Kunstpelze

Ihre Kanten müssen unbedingt versäubert werden. Wenn Sie Ihre Arbeit fertiggestellt haben, reinigen Sie Ihre Nähmaschine gründlich, damit die feinen Fasern ihren Mechanismus nicht blockieren.

Jutestoffe

Die strapazierfähigen, rustikalen Stoffe sind in Naturfarbe sowie in mehreren Farbtönen erhältlich.

Möbelstoffe

Diese sehr breit liegenden Stoffe sind im Allgemeinen dichter gewebt und widerstandsfähiger als Kleiderstoffe. Sie sind oft beidseitig verwendbar (dies ist zum Beispiel bei Matratzenstoffen und Toile de Joy der Fall) und laden zu einem Spiel mit Kontrasten ein.

Gewachstes, beschichtetes und rutschfestes Tuch, Bulgomme®

Alle diese Materialien werden als Meterware für die Anfertigung von Tischdecken und Badezimmervorlagen verkauft. Ihre Kanten müssen nicht versäubert werden. Damit bei ihrer Verarbeitung keine unschönen Löcher entstehen, werden die Teile an der Nahtlinie mit Stecknadeln aneinander gesteckt, nicht aber geheftet. Legen Sie Ihre Arbeit beim Nähen mit der Nähmaschine zwischen zwei Blatt Papier, damit sie nicht am Transporteur anhaftet (siehe Ratschläge, Tipps & Tricks, Seite 17).

Mollton

Mollton wird zwischen das Außenmaterial und das Futter geschoben und verleiht Ihrer Arbeit ein größeres Volumen. In dicker Qualität wird es aufgrund seiner isolierenden Eigenschaften auch für Topflappen verwendet und ist sehr formstabil. In leichterer Qualität ist es weniger dicht.

Zubehör zur Fertigstellung

Henkel und Schulterriemen

Für Henkel und Schulterriemen können Sie jedes nur denkbare Material mit Stoff beziehen: Elektrokabel, Kordeln, Aquarienschläuche ... Rechnen Sie etwa 35 cm Länge für einen Henkel und 100 cm für einen Schulterriemen.
Auch Teppichband ist insbesondere für Schulterriemen sehr gut geeignet.
In Kurzwaren- und Bastelbedarfsgeschäften findet man eine große Auswahl an Henkeln aus Plastik, Peddigrohr, Schildpatt, Holz und Leder.
Schneiden Sie die Henkel und Riemen ab von Ihren alten Taschen, bevor Sie sie wegwerfen. Ebenso lassen sich auch Leder- oder Stoffgürtel, Träger von T-Shirts oder Kleidern etc. in wunderbare Henkel und Riemen umarbeiten.

Verschlüsse

Knöpfe und Knopflöcher

Knöpfe gibt es in zahllosen Materialien und Formen: Holz, Horn, Kokosnuss, Plastik, Metall, Schildpatt ... Damit sie sich leicht öffnen und schließen lassen, dürfen sie nicht zu dicht am Stoff aufliegen. Legen Sie beim Aufnähen einen Zahnstocher oder ein Streichholz senkrecht unter dem Knopf zwischen die Knopflöcher (Fig. 1).

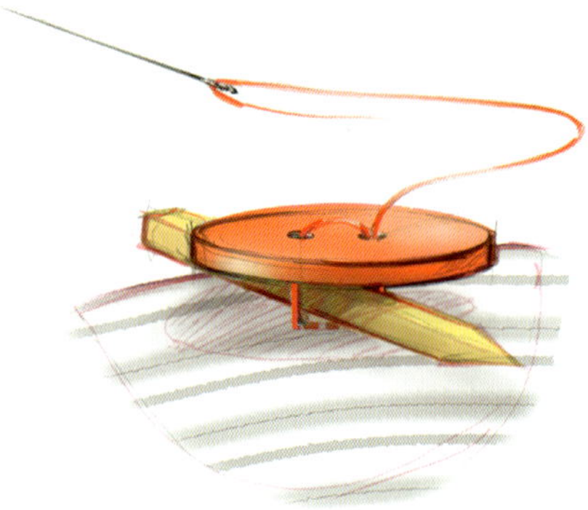

Fig. 1

Es gibt Knöpfe zum Beziehen in verschiedenen Größen. Schneiden Sie aus Stoff einen Kreis aus, größer als der Knopf. Ziehen Sie rundum entlang der Kante einen Faden im Vorstich ein (siehe Fig. 13, Seite 16). Am Faden ziehen und den Knopf so in die Hohlform legen, dass die Öse frei bleibt (Fig. 2). Den Faden fest anziehen und vernähen.

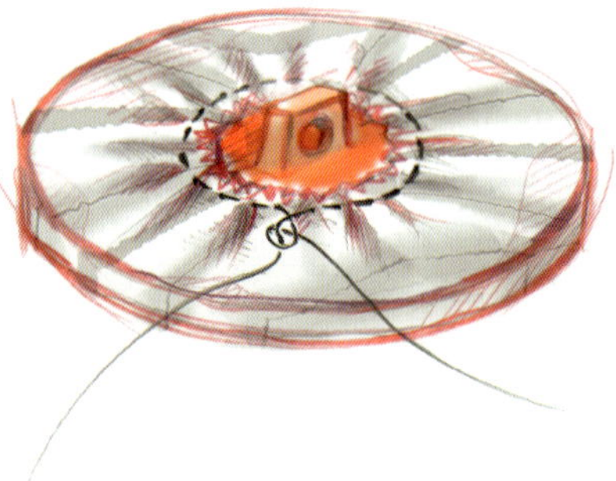

Fig. 2

Markieren Sie sorgfältig die Position der Knopflöcher: Ihre Länge muss exakt dem Durchmesser der Knöpfe entsprechen, plus 2 mm an den Enden. Umnähen Sie sie, wie in der Gebrauchsanleitung Ihrer Nähmaschine beschrieben, mit Knopflochstich. Anschließend mit dem Pfeiltrenner öffnen.

Fig. 3

Fig. 4

Fig. 5

Druckknöpfe

Druckknöpfe gibt es in allen Farben und Größen. Es gibt Modelle zum Annähen und solche zum Einnieten. Folgen Sie beim Einnieten den Hinweisen des Herstellers und verwenden Sie das mitgelieferte Werkzeug. Im Allgemeinen verfährt man wie folgt: Sie legen den Stoff auf die Unterlage und stanzen das Loch durch einen Schlag mit dem Hammer auf den Lochstift ein (Fig. 3). Nun setzen Sie das Nietteil in den Werkzeughalter, legen den Stoff mit der rechten Seiten nach oben darüber, stecken das Teil mit der Kugel darauf und fixieren den Niethals nach dem Schließen des Kunststoffhalters mit einigen Hammerschlägen (Fig. 4). Die andere Druckknopfhälfte nieten Sie mit den entsprechenden Teilen genauso ein (Fig. 5). Sie können sich auch eine Druckknopfzange anschaffen, die sich gleichzeitig zum Nieten wie zum Lochen verwenden lässt. Sie ist nicht nur einfacher zu handhaben, sondern ermöglicht auch das Einstanzen unterschiedlich großer Löcher. Nehmen Sie sich immer die Zeit, die Position der Druckknöpfe exakt zu vermessen und zu markieren, sodass die beiden Druckknopfhälften sich exakt gegenüberliegen. Prüfen Sie stets, ob Sie die Knopfteile auf der richtigen Stoffseite befestigen. Damit die Druckknöpfe festsitzen, dürfen die Löcher nicht größer sein als die Knöpfe.

Magnete

Magnete sind äußerst kräftig. Sie schließen gut und sind auf der rechten Taschenseite nicht sichtbar. Man befestigt sie einander gegenüber am Futter. Magnetische Knöpfe werden wie gewöhnliche Knöpfe angenäht. Magnetverschlüsse mit Klammern werden einfach auf den Untergrund aufgesteckt und die Klammern umgebogen.

Reißverschlüsse

Reißverschlüsse gibt es aus Metall und Plastik. Sie werden in vielen Farben angeboten, in Standardgrößen sowie als Meterware. Letztere schneidet man auf die gewünschte Länge zu. Reißverschlüsse für Blusen und Jacken sind teilbar.

Sie können beim Annähen zwischen zwei Methoden wählen:

Auf der rechten Seite unsichtbare Naht - Klappen Sie die Seiten, zwischen die der Reißverschluss aufgenäht werden soll, links auf links um. Die Kanten einbügeln und wieder öffnen. Die Teile beiderseits des Reißverschlusses rechts auf rechts aufstecken und heften, sodass die Faltkanten an den Krampen liegen (Fig. 6). Über die Faltkanten absteppen.

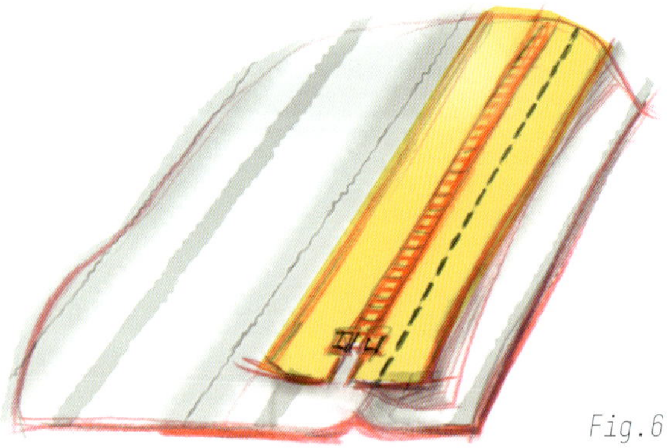

Fig. 6

Sichtbare Naht - Klappen Sie die Kanten, die am Reißverschluss liegen, links auf links 1 cm um. Beiderseits bündig am Reißverschluss aufstecken und heften, sodass die Bruchkanten auf der rechten Seite des Reißverschlusses liegen (Fig. 7). 2 mm vom Bruch durch alle Stofflagen absteppen. Wenn Ihr Material nicht ausfranst, legen Sie es mit den Kanten bündig an den Reißverschluss, ohne sie umzuklappen.

Fig. 7

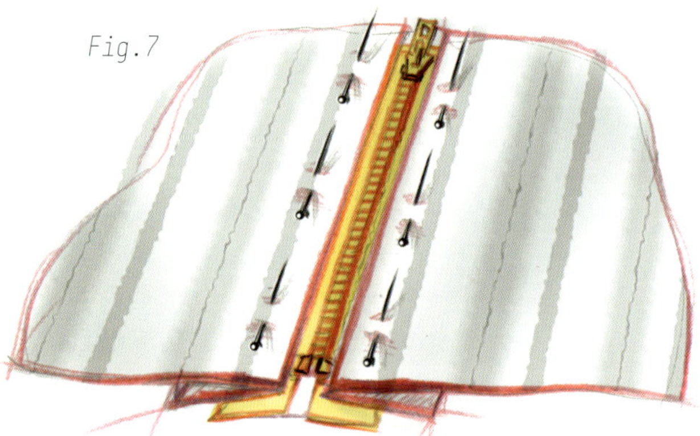

Bei beiden Methoden ist ein Reißverschlussfuß für die Nähmaschine erforderlich. Verschieben Sie den Griff des Reißverschlusses mit dem Absteppen. Dazu stechen Sie mit der Nadel in den Stoff, heben den Nähmaschinenfuß, schließen den Reißverschluss ein wenig, senken den Nähmaschinenfuß und nähen weiter. Achtung: Wenn alle Taschenteile bereits zusammengenäht sind, lassen Sie den Reißverschluss offen, damit Sie Ihre Arbeit auf rechts wenden können.

Klettverschluss

Er ist in unterschiedlichen Breiten als Meterware erhältlich. Die Auswahl an Farben ist begrenzt. Es gibt Klettverschluss zum Aufnähen und zum Aufkleben.

Befestigungssysteme

Ösen

Sie sind in mehreren Farben und einer Vielzahl von Größen erhältlich. Man nietet sie wie Druckknöpfe ein. Dazu benötigt man eine Öseneindruckvorrichtung, auf die man mit dem Hammer klopft (siehe Fig. 3 bis 5, Seite 11). Kleine Ösen lassen sich mit einer Ösenzange einarbeiten. Tragen Sie wie bei den Druckknöpfen zuvor sorgfältig die Markierungen auf, und geben Sie acht, dass die Löcher nicht zu groß werden.

Ringe

In Kurzwaren- und in Bastelgeschäften findet man ein breites Sortiment an Ringen unterschiedlicher Größe, aus Plastik, Holz oder Metall. Es gibt Ringe mit Spalt und solche mit Scharnier. Häufig entdeckt man auch interessante Ringe an alten Vorhängen, Gürteln und Schlüsselringen ...

Karabinerhaken, Schäkel und Doppelösen

Diese Accessoires finden Sie in Eisenwarenhandlungen und in Bastelgeschäften. Auch im Segel- und Sportzubehör kann man oft Nützliches entdecken.

Bänder, Borten, Tressen, Kordeln und Blenden

In Kurzwarengeschäften findet man eine enorme Auswahl an Bändern, Borten und Tressen, von einfach bis raffiniert, in den verschiedensten Materialien und Ausführungen: mit Pompons, Fransen, Perlen, Pailletten ... Ebenso finden Sie dort Boas und Kunstpelze in geringen Breiten.
Für Polstermöbel bestimmte Posamentenkordeln sind so geschmeidig, dass sie sich gut zum Anfertigen von Schlaufen und Laschen eignen.
Um Ihrer Tasche eine persönliche Note zu geben, können Sie ihre Enden ausfransen.
Diese dekorativen Elemente werden angenäht, aufgeklebt oder mit speziellen Nadeln aufgesteckt.

Ratschläge, Tipps & Tricks

Allgemeine Hinweise

- Wenn Sie sich ein Modell ausgesucht haben, das Sie nähen möchten, lesen Sie sich zunächst die gesamte Anleitung sorgfältig bis zum Ende durch, einschließlich der Hinweise und Tipps, die wichtige Information enthalten.
- Wenn eine Außentasche aus verschiedenen Stoffen besteht, wählen Sie nach Möglichkeit solche von ähnlicher Dicke.
- Bevor Sie mit der Arbeit beginnen, waschen Sie alle verwendeten Stoffe separat. So vermeiden Sie Probleme, die aus unterschiedlich starkem Ausbleichen oder Eingehen der Stoffe resultieren können.
- Bügeln Sie die Stoffe vor dem Zuschneiden sorgfältig.
- Die für manche Modelle benötigten Vorlagen finden Sie auf den Seiten 138 bis 160 (müssen sie vergrößert werden, ist der jeweilige Prozentsatz im Abschnitt „Vorbereitung" angegeben). Fotokopieren Sie sie und pausen oder zeichnen Sie sie in den angegebenen Maßen ab. Starkes Packpapier ist hierfür ideal geeignet. Stellt die Vorlage nur die halbe Form dar, stecken Sie diese auf den mittig gefalteten Stoff, mit der gestrichelten Linie am Bruch, und schneiden beide Lagen gleichzeitig zu (Fig. 8); lässt sich das Material nicht falten, wenden Sie die halbe Form an der gestrichelten Linie spiegelbildlich.

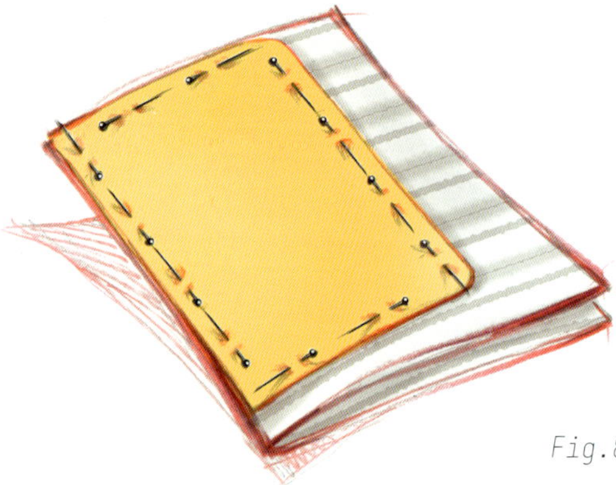
Fig. 8

- Stecken Sie die Vorlagen stets in der Fadengeraden auf den Stoff (Fig. 9). Muster und Streifen sollten passend aneinandergefügt werden.

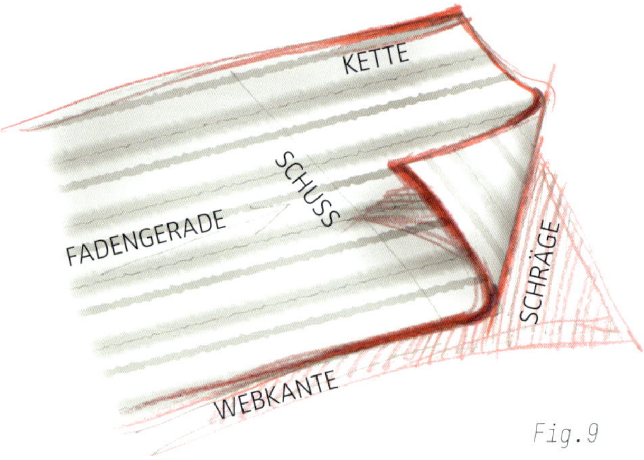

Fig. 9

- Gelegentlich muss zu den Vorlagen rundum eine Nahtzugabe hinzugerechnet werden. Ist dies der Fall, wird darauf im Abschnitt „Vorbereitung" hingewiesen.
- Es ist erforderlich, alle Kanten der zugeschnittenen Teile zu versäubern. Bei Stoffen, die wenig oder gar nicht ausfransen, ist diese Vorsichtsmaßnahme jedoch überflüssig: Schneiden Sie in diesem Fall die Teile mit einer Zackenschere zu und rechnen Sie eine etwas breitere Nahtzugabe als die angegebene hinzu. Filz und beschichtete Materialien müssen nicht versäubert werden.
- Vor dem Absteppen setzen Sie die Teile mit Stecknadeln mit Kopf zusammen, wenn möglich senkrecht zur Nahtlinie (Fig. 10). Dann empfiehlt es sich zu heften: Das Nähen mit der Maschine wird einfacher, die Verarbeitung sorgfältiger.

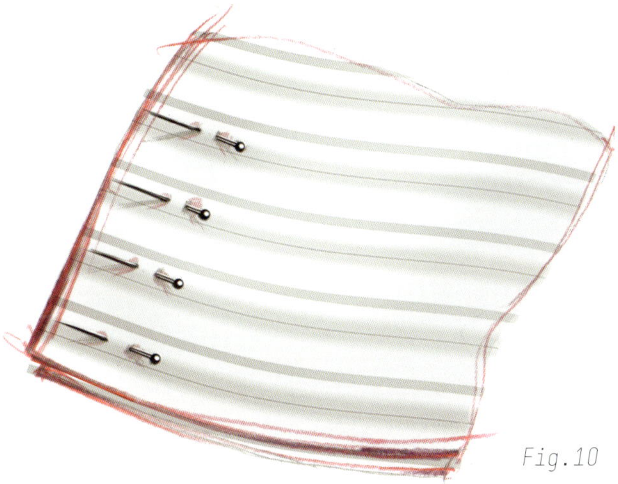

Fig. 10

Fig. 11

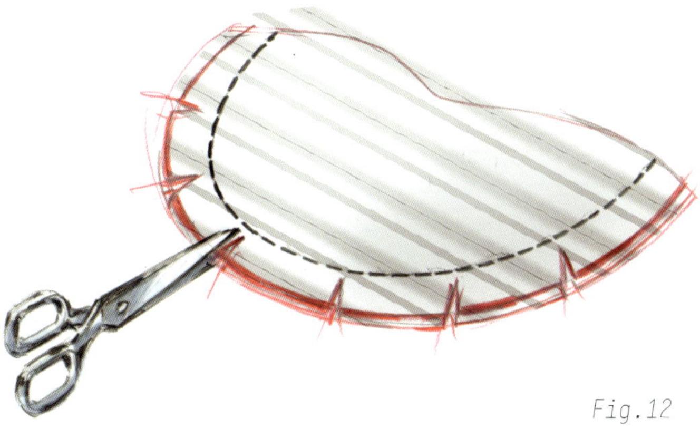

Fig. 12

KLEINES GLOSSAR

Die Nahtzugaben auf eine Seite umlegen *Die Nahtzugaben werden so gebügelt, dass sie rechts oder links von der Naht flach auf dem Stoff aufliegen.*
Nahtlinie *Linie, auf der man Teile zusammennäht.*
Faltlinie *Linie auf einem Stoff, die man gefaltet, gebügelt und wieder aufgefaltet hat.*
Die Nahtzugaben auseinanderbügeln *Schieben Sie das Bügeleisen zwischen die Nahtzugabe, sodass die beiden Stofflagen beiderseits der Naht flach auf den Stoff gelegt werden.*
Blende *Teil, dessen Kontur exakt der des Teils entspricht, auf das es von einer Seite aufgenäht wird, ist aber weniger breit oder lang und dient der Verstärkung.*
Geschlossener Overlockstich *Dieser sehr schmale Zickzackstich dient zum Zusammennähen zweier Teile links auf links direkt an der Kante. Bei den meisten Nähmaschinen lässt sich die Breite des Stiches regulieren.*
Bruchkante *Kante eines umgeklappten Stoffrands.*
Nahtzugabe *Stoffrand zwischen Naht und Schnittkante.*

Heften Sie im Vorstich (siehe Fig. 13, Seite 16), einige Millimeter neben der Nahtlinie, damit der Heftfaden nicht eingenäht wird, und entfernen Sie die Stecknadeln nacheinander.

- Vernähen Sie die Nahtenden sicher, indem Sie am Anfang und am Ende jeder Naht über eine Länge von 1 cm erst vorwärts und dann rückwärts nähen oder, wenn Sie von Hand nähen, durch einige Rückstiche übereinander.
- Um zu dicke Nähte oder unschöne Kräuselungen zu vermeiden, werden Nahtzugaben schräg abgeschnitten oder eingeschnitten: Ecken werden dicht an der Naht abgeschrägt (Fig. 11); um Kurven herum werden in regelmäßigen Abständen Kerben eingeschnitten (Fig. 12).
- Nehmen Sie sich jedes Mal, wenn Sie eine Kante umklappen, die Zeit, den Falz einzubügeln: Das Zusammennähen der Teile wird einfacher, schneller und sorgfältiger.

Die wichtigsten Handnähstiche

Saumstich *(Fig. 16)*

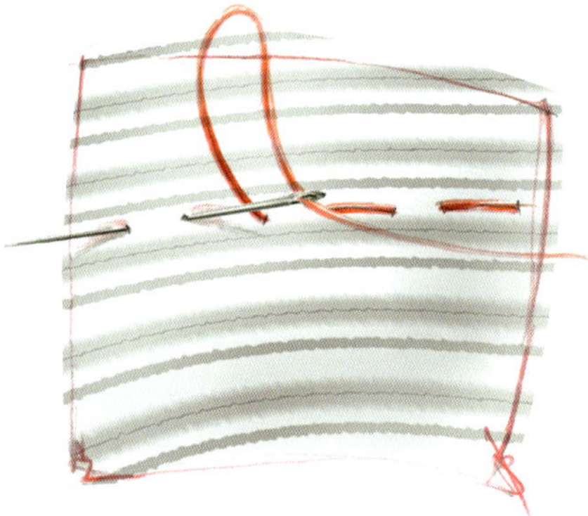

Vorstich *(Fig. 13)*

Kreuzstich *(Fig. 17)*

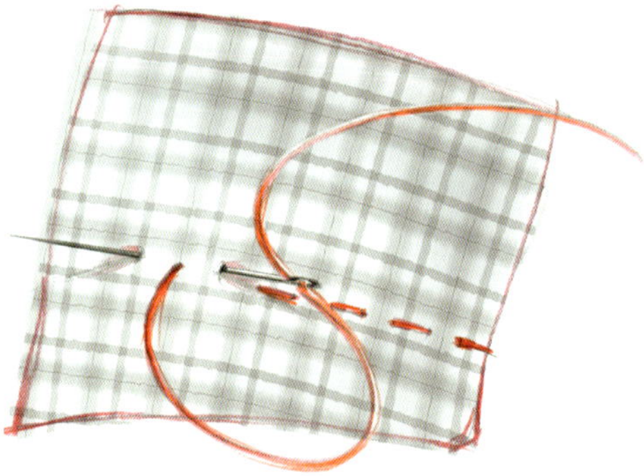

Rückstich *(Fig. 14)*

Knötchenstich *(Fig. 18)*

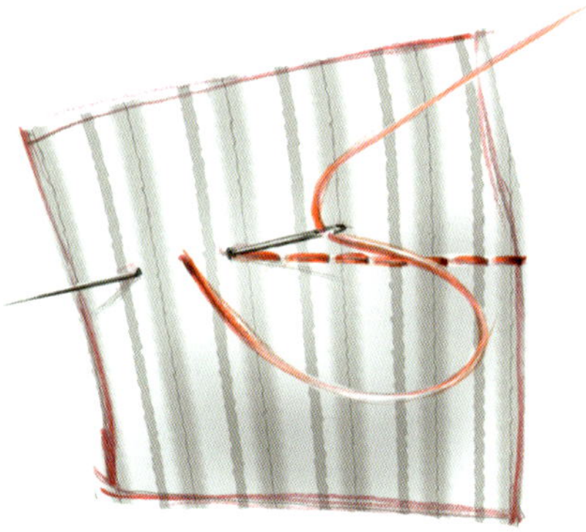

Steppstich *(Fig. 15)*

Garnöse *(Fig. 19 und 20)*

Hinweis

Die in den Texten und Zeichnungen angegebenen Maße zur Positionierung der Ösen und Knöpfe sind stets bis zu deren Mittelpunkt gemessen.

Tipps

- Beschichtete Materialien (gewachstes oder beschichtetes Tuch, rutschfeste Matte, Bulgomme®) und Mollton lassen sich vom Transporteur der Nähmaschine meist nur mit Schwierigkeiten transportieren, weswegen die Gefahr besteht, dass sie beschädigt werden. Um dies zu vermeiden, legen Sie die Teile, die zusammengenäht werden sollen, Kante an Kante zwischen zwei Blatt Seidenpapier und stecken und heften durch alle Lagen. Nach dem Nähen entfernen Sie das Seidenpapier, indem Sie es vorsichtig abreißen.
- Das Innenfutter soll ein wenig kleiner sein als die Außentasche. Steppen Sie die Kanten 1,2 cm vom Rand ab anstelle von 1 cm; dies genügt, damit das Futter tadellos sitzt.
- Wird eine Tasche nicht gefüttert, empfiehlt es sich, die Kanten der Nahtzugaben umzuklappen und direkt an den Kanten durchzusteppen. So erhalten die Nähte einen sauberen und strapazierfähigeren Abschluss. Sie können die Nahtzugaben auseinanderbügeln (Fig. 21) oder miteinander auf eine der beiden Seiten umlegen (Fig. 22).
- Eine Innentasche oder eine Befestigungslasche sichern Sie an den Enden jeder Naht mit einer dreieckigen Verstärkungsnaht (Fig. 23).
- Passen Sie die angegebenen Maße für die Länge der Henkel und Schulterriemen an Ihren Geschmack und Ihre Größe an.
- Verwenden Sie für stark strapazierte Nähte reißfestes Polyestergarn oder Umspinnzwirn. Diese Garne sind weitaus belastbarer als gewöhnliches Nähgarn.
- Wenn Sie zwei verschiedenfarbige Teile zusammennähen, passen Sie den Unterfaden farblich an den unteren Stoff, den Oberfaden an den oben liegenden Stoff an.

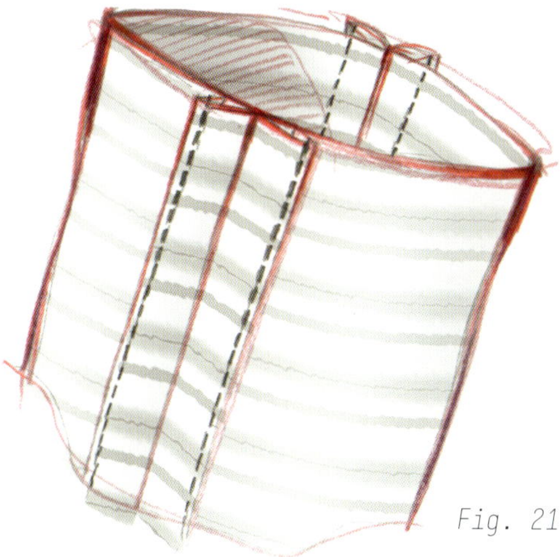

Fig. 21

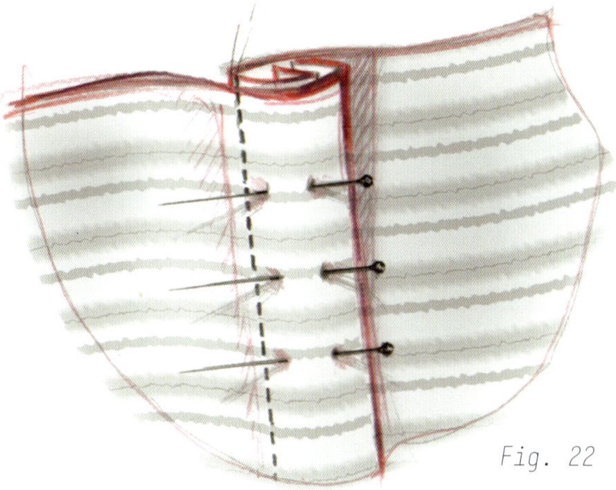

Fig. 22

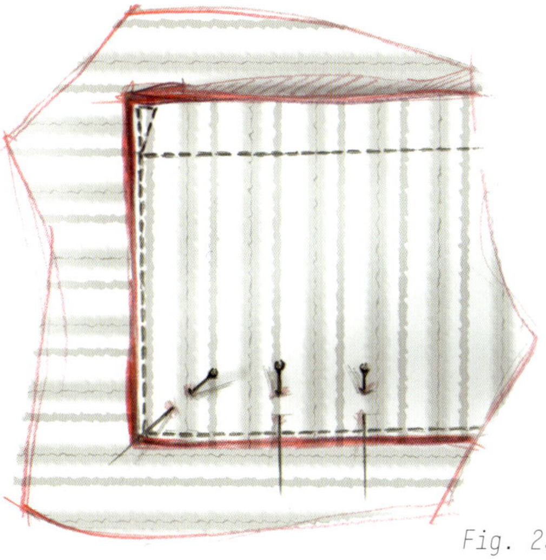

Fig. 23

Vorbereitung

Fotokopieren Sie die drei Vorlagen von den Seiten 138 und 139. Vergrößern Sie die Vorder- bzw. Rückseite auf 155 % und kopieren Sie die Verschlusslasche mit 100 %. *Auf Seite 138 ist dargestellt, wie die Teile zugeschnitten werden.*

Roter Filz - 1 Vorderseite zeichnen und zuschneiden.

Schokobrauner Filz - Zeichnen und zuschneiden:

1 Rückseite;

1 Teil 8 cm x 101,5 cm (Streifen);

1 Teil 8 cm x 17 cm (Verschlusslasche).

Schneiden Sie die beiden äußersten Enden des Streifens entsprechend der Vorlage zu und übertragen Sie die schraffierten Bereiche auf die Stoffseite, die in der Tasche innen liegt. Mit dem Cutter die Knopflöcher in die Verschlusslasche schneiden.

1 Den Streifen mit einer langen Kante links auf links entlang der Unterkante (37 cm) und den Seiten so an die rote Vorderseite stecken, dass die oberen Ecken auf einer Höhe liegen. Aneinanderheften, dann mit doppeltem rotem Faden und Ledernadel im Vorstich (siehe Fig. 13, Seite 16) 3 mm vom Rand zusammennähen.

Filztasche Kelly

Maße der Tasche: Breite des Bodens 37 cm x Tiefe 8 cm x Höhe 26 cm (ohne Henkel)

Ausrüstung

Nähzubehör (siehe Seite 7), Kreidestift, Schneidematte, Lineal, Cutter, Haushaltsschere, Ledernadel, Nähnadel, 2 Wäscheklammern.

Material

- Technischer Filz, rot, 4-5 mm dick: 37 cm x 26 cm
- Technischer Filz, schokobraun, 4-5 mm dick: 45 cm x 101,5 cm
- Dunkelbrauner Schulterriemen aus Leder, an beiden Seiten mit einem Ring von ø 3 cm versehen
- 2 rote Knöpfe aus Schildpatt, ø 3 cm
- Nähgarn: rot, schokobraun
- Neoprenkleber

Vergrößern Sie die Vorlage mithilfe eines Fotokopierers.

2 Gehen Sie vor wie bei Schritt 1 und nähen Sie den Streifen mit der zweiten langen Kante an die schokobraune Rückseite. Verwenden Sie dazu das farblich passende Garn.

3 Stecken Sie die Endstücke des Streifens durch die Ringe des Schulterriemens. Bestreichen Sie die schraffierten Bereiche mit Kleber. Eine Stunde antrocknen lassen, nochmals Kleber auftragen und 20 Minuten trocknen lassen. Die Klebestellen aufeinanderklappen, pressen und mit den Wäscheklammern festhalten.

4 Nähen Sie einen Knopf auf jedes der beiden Hauptteile, in die Mitte der Breite und 4,5 cm unterhalb der Oberkante. Knöpfen Sie die Verschlusslasche auf.

Tipp!

Damit sich die Lasche problemlos öffnen und schließen lässt, dürfen die Knöpfe nicht zu dicht auf den Filz genäht werden. Legen Sie deshalb beim Annähen einen Zahnstocher oder ein Streichholz zwischen Knopf und Stoff, längs unter die beiden Knopflöcher (siehe Fig. 1, Seite 10).

Hinweis

Die angegebene Position der Knöpfe ist jeweils exakt bis zu ihrem Mittelpunkt gemessen.

Zubehör

Nähzubehör (siehe Seite 7), Selbstlöschender Filzstift, Haushaltsschere, Spitze Sticknadel mit großem Öhr, Sicherheitsnadel.

Material

- Baumwollstoff, anisgrün: 35 cm x 70 cm
- Baumwollstoff, violett: 8 cm x 150 cm
- Technischer Filz, rosa, 2-3 mm dick: 25 cm x 10 cm
- Technischer Filz, violett, 2-3 mm dick: 20 cm x 10 cm
- Transparente Knöpfe, gelb, mit 4 Löchern: 5 ø 1,5 cm ; 2 ø 2 cm
- Nähgarn: anisgrün, violett
- Sticktwist: gelb

Kleine Blumen

Maße der Tasche: Breite 30 cm x Durchmesser 15 cm

Vorbereitung

Vervielfältigen Sie die fünf Blumen von Seite 140.

Anisgrüner Stoff - 1 Teil mit den in der Materialliste angegebenen Maßen zuschneiden (Seitenteil).

Violetter Stoff - 2 Teile von 4 cm x 150 cm zeichnen und zuschneiden (Schulterriemen). Versäubern Sie die Kanten aller Teile.

Filze - Zeichnen und zuschneiden: 1 Blume A, 2 Blumen B und 1 Blume C aus rosa Filz; 1 Blume C, 1 Blume D und 1 Blume E aus violettem Filz. Schneiden Sie den Rand von Blume E rundum ein.

1 Falten Sie das Seitenteil rechts auf rechts in der Mitte, sodass die kurzen Seiten aufeinanderliegen. Die Seiten feststecken und 1 cm von der Kante erst anheften, dann absteppen. Beginnen Sie dabei 2 cm über dem unteren Rand und enden Sie 5 cm unter dem oberen Rand.

2 Bügeln Sie die Nahtzugaben auseinander und klappen Sie die Kanten beiderseits der oberen Schlitze bis zum Rand um. Die Kanten heften und 2 mm vom Bruch absteppen.

3 Um die Tunnel anzufertigen, klappen Sie den oberen Rand jedes Hauptteils links auf links erst 5 mm, dann 2,5 cm um. Die Kanten einbügeln, feststecken, anheften und anschließend 2 mm über dem Bruch innen absteppen. Die Arbeit auf rechts wenden.

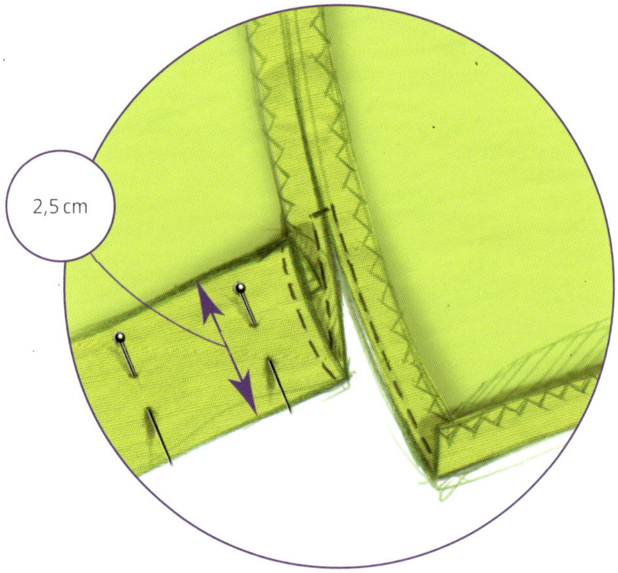

4 Die langen Kanten der Schulterriemen links auf links 5 mm umklappen und einbügeln. Die Riemen links auf links in der Mitte falten, sodass die eingeschlagenen Kanten aufeinanderliegen. Letztere feststecken, heften und 2 mm vom Rand absteppen.

5 Fädeln Sie mithilfe der Sicherheitsnadel einen der Riemen so durch beide Tunnel, dass seine beiden Enden auf derselben Seite der Tasche austreten. Verfahren Sie mit dem anderen Riemen ebenso, nur dass die Enden diesmal auf der anderen Seite liegen.

6 Legen Sie die Enden jedes Riemens aufeinander und führen Sie sie durch die Öffnung an der Unterkante derselben Seite. Die Arbeit auf links wenden und die Riemen bündig an die untere Naht der Tasche stecken. Anschließend

durch alle Lagen anheften und die Seitennähte bis zur Unterkante absteppen.

7 Stecken Sie die Filzblumen auf eine Seite der Tasche. Nähen Sie sie mit einem Knopf in der Mitte an. Verwenden Sie dazu Sticktwist.

Stechen Sie durch jeweils zwei gegenüberliegende Knopflöcher, als würden Sie im Kreuzstich sticken (siehe Fig. 17, Seite 16). Verwenden Sie die beiden großen Knöpfe für die Blumen C.

Tipp!

Um eine Kordel durch einen Tunnel zu ziehen, stecken Sie eine Sicherheitsnadel auf ein Ende und schieben sie von einer Seite der Arbeit bis zur anderen durch den Stoff.

Vorbereitung

Auf Seite 141 ist dargestellt, wie die Teile zugeschnitten werden.

Leinen - Zeichnen und zuschneiden:
2 Teile 32 cm x 28 cm (Vorder- und Rückseite);
1 Teil 11 cm x 88 cm (Streifen);
2 Teile 4 cm x 37 cm (Schulterriemen);
1 Teil 4 cm x 23 cm (Band für den Karabinerhaken).

Baumwollstoff - Legen Sie das Streifenmuster wie auf Seite 141 gezeigt und zeichnen und schneiden Sie zu:
6 den Leinenteilen entsprechende Teile;
1 Teil 20 cm x 16 cm (Innentasche).
Versäubern Sie die Kanten aller Teile.

Mollton - Zeichnen und zuschneiden:
2 Teile von 30 cm x 26 cm (Vorder- und Rückseite);
1 Teil 86 cm x 9 cm (Streifen).

1 Fertigen Sie aus den Leinenteilen die Außentasche. Stecken Sie den Streifen an der Unterkante (32 cm) und den Seiten rechts auf rechts zwischen Vorder- und Rückseite. 1 cm von der Kante anheften und absteppen. Schneiden Sie die Nahtzugaben an den unteren Ecken schräg ab. Klappen Sie die Oberkante links auf links 1 cm um und bügeln Sie die Kante ein. Wenden Sie die Arbeit auf rechts.

Hosenträgertasche

Maße der Tasche: Breite 30 cm x Tiefe 9 cm x Höhe 26 cm (ohne Henkel)

Ausrüstung

Nähzubehör (siehe Seite 7), Selbstlöschender Filzstift, Ledernadel, Fingerhut.

Material

- Naturleinen: 47 cm x 88 cm
- Streifenstoff: 47 cm x 88 cm
- Mollton für Topflappen: 86 cm x 35 cm
- 3 Paar Befestigungslaschen für geknöpfte Hosenträger, etwa 9 cm lang: 2 mit einer 2 cm breiten Öse am Ende; 1 mit Lederbesatz am Ende
- 6 graue Perlmuttknöpfe, Durchmesser passend zu den Knopflöchern an den Befestigungslaschen
- Karabinerhaken
- Nähgarn: naturweiß
- Textilkleber als Spray

2 Fertigen Sie das Innenfutter an, indem Sie Schritt 1 mit den Baumwollteilen wiederholen.

3 Klappen Sie bei der Innentasche die Oberkante (20 cm) links auf links erst 1 cm, dann 2 cm um. Feststecken, heften und 2 mm vom Bruch innen absteppen. Die Unterkante und die Seiten links auf links 1 cm umklappen und bügeln.

4 Stecken Sie die Innentasche auf die Mitte eines der großen Seitenteile des Futters (die linke Stoffseite der Tasche auf die rechte des Futters). Seiten und Unterkante anheften, dann 2 mm von der Kante absteppen und an den Enden eine dreieckige Verstärkungsnaht nähen (siehe Fig. 23, Seite 17). Unterteilen Sie die Tasche in zwei Fächer, indem Sie über ihre gesamte Höhe eine Naht parallel zu den Seiten nähen.

5 Klappen Sie bei allen Henkeln die langen Kanten links auf links 1 cm um, dann einbügeln. Legen Sie jeden Henkel aus Leinen links auf links auf einen aus Baumwolle. Die langen Kanten feststecken, heften und 2 mm vom Rand absteppen.

6 Sprühen Sie Kleber auf die drei Mollton-Teile. Positionieren Sie diese so auf die Innenseiten der Außentasche, dass ihre Oberkanten unter deren oberer Bruchkante liegen. Streichen Sie den Stoff glatt, damit der Mollton anhaftet. Stecken Sie auf die Bruchkante der Rückseite, auf die Seite mit dem Mollton, in jeweils 6 cm Abstand zu den Seitennähten, die Enden eines Henkels (das Streifenmuster liegt außen); dann anheften. Stecken Sie das Innenfutter in die Außentasche, mit der linken Seite auf den Mollton, sodass die Nähte und die Oberkanten aufeinandertreffen. Den Stoff an der Oberkante durch alle Lagen hindurch feststecken und heften. Die Tasche rundum entlang der Oberkante absteppen, erst 2 mm, dann ein zweites Mal 1 cm unter dem Rand.

7 Nähen Sie auf die Außenseite der Vorderseite ohne Henkel, in 4,5 cm Abstand zu den Seitennähten und 4 cm Abstand zur Oberkante, zwei Knöpfe im Abstand von 4 cm.

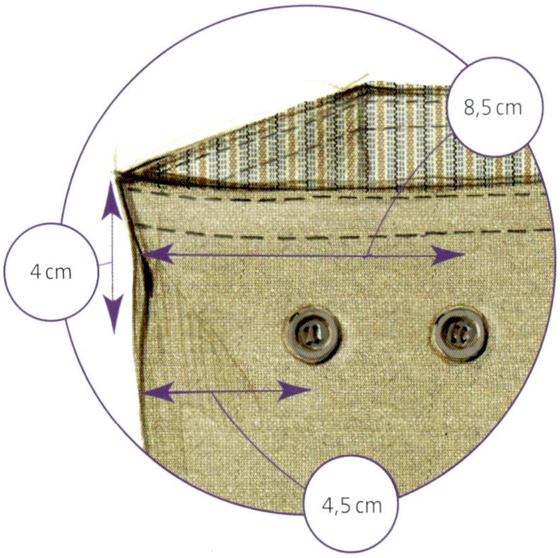

Nähen Sie die Befestigungslasche mit dem Lederbesatz auf die Mitte, bündig an die Oberkante. Arbeiten Sie mit Ledernadel und doppeltem Faden.

8 Nähen Sie außen auf die Rückseite mit Henkel zwei Knöpfe im Abstand von 13 cm zu den Seitennähten auf. Bestimmen Sie ihren Abstand zur Oberkante durch Auflegen der Verschlusslasche.

9 Stecken Sie die Enden des zweiten Henkels durch die Ringe an den Verschlusslaschen. Der gestreifte Stoff liegt außen. Die Enden Leinen auf Leinen 1 cm umklappen. Ein zweites Mal umklappen und dabei die Gesamtlänge des Henkels der des anderen Henkels angleichen. Feststecken, heften und am Bruch innen absteppen.

10 Fertigen Sie das Band für den Karabinerhaken wie in Schritt 5 beschrieben an. Stecken Sie es mit einem Ende durch die Öse des Karabinerhakens. Klappen Sie den Stoff Baumwolle auf Baumwolle erst 1 cm, dann 2,5 cm um. Feststecken, heften und am Bruch innen absteppen. Klappen Sie das andere Ende links auf links 1 cm um und nähen Sie es mit kleinen, festen Stichen am Taschenboden an.

Tipp!

Damit sich die Verschlusslasche problemlos öffnen und schließen lässt, dürfen die Knöpfe nicht zu dicht auf das Leinen genäht werden. Legen Sie deshalb beim Annähen einen Zahnstocher oder ein Streichholz zwischen Knopf und Stoff, längs unter die Knöpflöcher (siehe Fig. 1, Seite 10).

Hinweis

Die angegebene Position der Knöpfe ist jeweils exakt bis zu ihrem Mittelpunkt gemessen.

TOLSTOI : AINSI MEURT L'AMOUR

Ausrüstung

Nähzubehör (siehe Seite 7), Selbstlöschender Filzstift.

Material

Für die „Tagseite"

- Taft, rosa: 27,5 cm x 100 cm
- Band mit Fantasiemuster, rosa/anisgrün, Breite 1 cm: 96 cm
- Band mit Fantasiemuster, rosa/anisgrün, Breite 1,8 cm: 96 cm

Für die „Abendseite"

- Taft, violett: 27,5 cm x 100 cm
- Samtband, blassrosa, Breite 5 mm: 96 cm
- Samtband, parma-violett, Breite 1 cm: 48 cm
- Samtband, violett, Breite 1 cm: 96 cm
- Samtband, rosa, Breite 1,5 cm: 48 cm
- Satinband, rosa, Breite 1 cm: 96 cm
- Organzaband, fuchsiafarben, mit Perlen bestickt, Breite 2 cm: 96 cm
- Strickborte, violett, mit Rocaille-Perlen, Breite 7 mm: 48 cm

Für beide Seiten

- Nähgarn: rosa, violett

Wendetasche mit Chic

Maße der Tasche: Breite 22 cm x Höhe 28 cm (ohne Schulterriemen)

Vorbereitung

Taft - In allen Farben, zeichnen und zuschneiden: 1 Teil 24 cm x 58 cm (großes Seitenteil); 1 Teil 3,5 cm x 100 cm (Schulterriemen). Alle vier Kanten der Teile vernähen.

Bänder - Schneiden Sie alle Bänder in Stücke von 24 cm Länge zu.

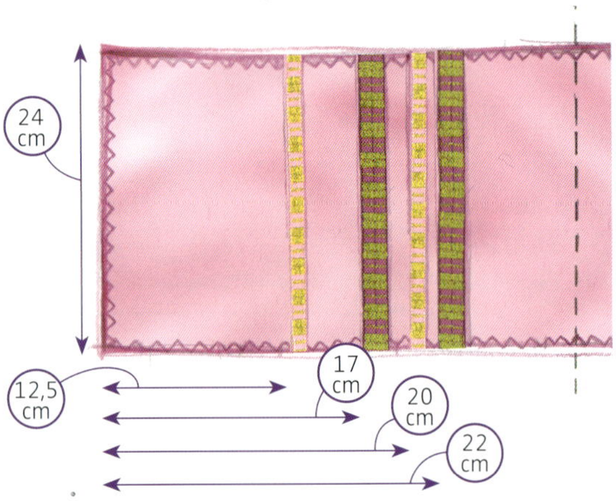

1 Orientieren Sie sich an den Abbildungen unten. Die Bänder auf die rechte Stoffseite der großen Seitenteile erst stecken, dann heften. Verzieren Sie die anderen Seitenteile ebenso. Gehen Sie dabei symmetrisch vor.

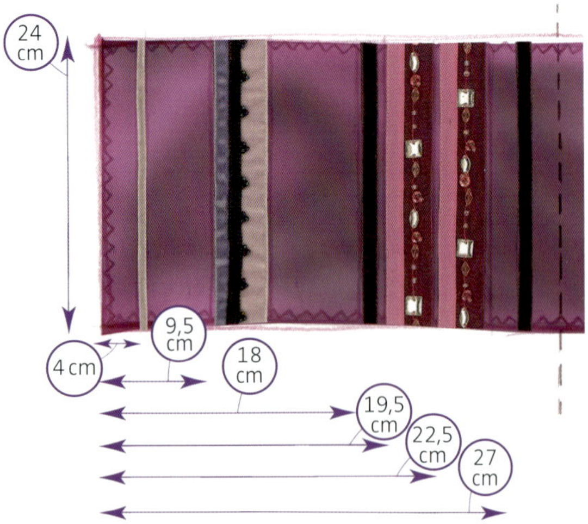

2 Die Bänder steppen: Die Steppnaht der auf rosa Taft gehefteten Bänder und die Samtbänder dicht an den beiden Kanten nähen; die anderen Bänder nähen Sie nur mit einer Steppnaht entlang der oberen Kante an, damit sie sich ein wenig bewegen.

3 Falten Sie die beiden Seitenteile rechts auf rechts in der Mitte, sodass die kurzen Seiten aufeinanderliegen. Legen Sie die Enden der Bänder sorgfältig übereinander. Die Seiten feststecken, heften und 1 cm von der Kante absteppen. Schneiden Sie die Nahtzugaben an den unteren Ecken schräg zu. Wenden Sie die beiden entstandenen Taschen auf rechts.

4 Die Oberkanten der beiden Taschen links auf links 1 cm umklappen und einbügeln.

5 Bei jedem Schulterriemen die langen Seiten links auf links 5 mm umklappen und einbügeln. Die Schulterriemen links auf links aufeinanderlegen. Die langen Seiten feststecken, heften und 2 mm von den Kanten absteppen.

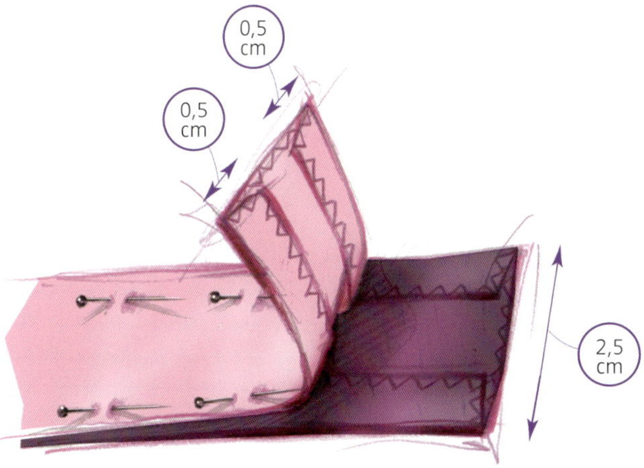

6 Stecken Sie die rosa Tasche links auf links in die violette, sodass ihre Seitennähte und Oberkanten aufeinandertreffen. Schieben Sie die Enden des Schulterriemens 1 cm tief zwischen beide Lagen, exakt mittig auf den Seitennähten (die violette Seite des Schulterriemens liegt außen). Feststecken. Schieben Sie auf beiden Seiten der Arbeit, in der Mitte der Breite, ein hellrosa Samtband zwischen die Taschen, ebenfalls 1 cm tief. Feststecken. Stecken Sie auch die Oberkanten der Taschen aneinander. Zusammenheften und rundum in 2 mm Abstand zur Oberkante absteppen.

Vorbereitung

Die in der Materialliste angegebenen Teile zeichnen und zuschneiden. Versäubern Sie die Kanten aller Teile.

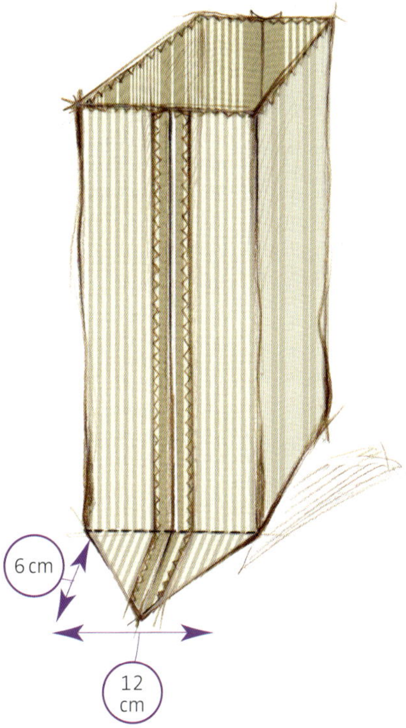

1 Falten Sie das gestreifte Teil rechts auf rechts in der Mitte, sodass die kurzen Seiten aufeinanderliegen. Die Seiten feststecken, heften und 1 cm von der Kante absteppen. Die Nahtzugaben an den unteren Ecken schräg abschneiden, dann auseinanderbügeln. Die Oberkante links auf links 1 cm umklappen und bügeln.

2 Flachen Sie die beiden unteren Ecken ab, indem Sie die jeweilige Seitennaht und die Bodenfalte zu einem Dreieck falten, dessen Grundlinie 12 cm lang ist. Über diese Länge eine Steppnaht nähen, dann das Dreieck nach unten umschlagen.

3 Fertigen Sie das Innenfutter aus dem Stoff im Fischgrätenmuster an, indem Sie vorgehen wie in Schritten 1 und 2 beschrieben.

Frische Streifen

Maße der Tasche: Breite 22 cm - Tiefe 12 cm - Höhe 37 cm (ohne Henkel)

Ausrüstung

Nähzubehör (siehe Seite 7), Selbstlöschender Filzstift.

Material

- Gestreifter Matratzenstoff, naturweiß/sandfarben: 37 cm x 88 cm
- Matratzenstoff im Fischgrätenmuster, naturweiß/sandfarben (für das Innenfutter): 37 cm x 88 cm
- Gurtband, naturweiß, Breite 4 cm: 226 cm
- 2 Pompons mit flacher Unterseite, naturweiß, mit Ansatznadeln
- Nähgarn: naturweiß

4 Das Gurtband an den Enden aufeinanderlegen, feststecken, heften und 1 cm von der Kante absteppen. Die Nahtzugaben auseinanderbügeln.

5 Das gestreifte Teil auf rechts wenden und die Gurtschlaufe aufstecken: mit der Naht außen an den Boden, mittig und in 3 cm Abstand zur einen Seite. An beiden Kanten aufstecken. Orientieren Sie sich dabei an der Zeichnung unten.

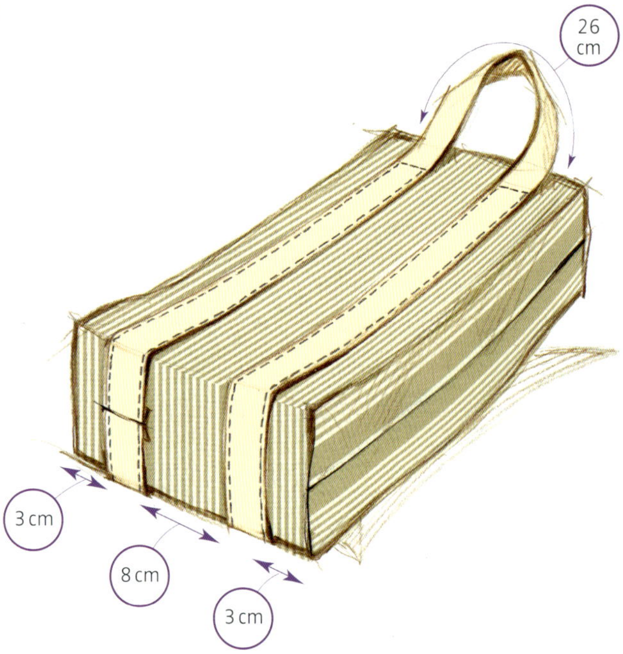

Heften Sie beide Hälften des Gurtbands an. In 2 mm Abstand zu den Kanten absteppen und am oberen Ende jeder Seite 4 cm unterhalb der Oberkante der Tasche wenden.

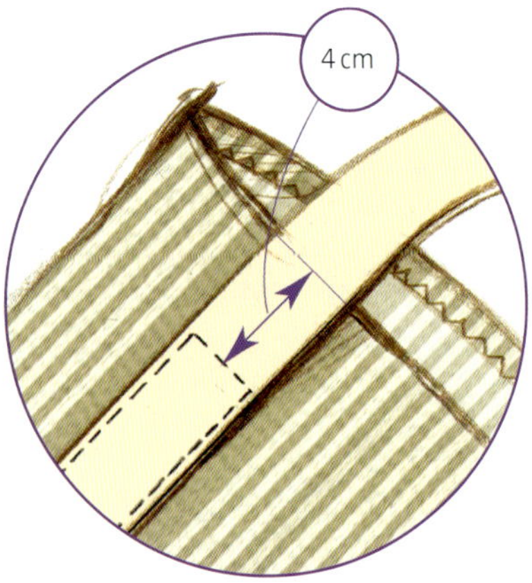

6 Stecken Sie das Innenfutter links auf links so in die Außentasche, dass die Seitennähte und die oberen Kanten aufeinanderliegen. Letztere aneinanderstecken und -heften. Die Oberkante rund um die Tasche 2 mm unter dem Rand absteppen.

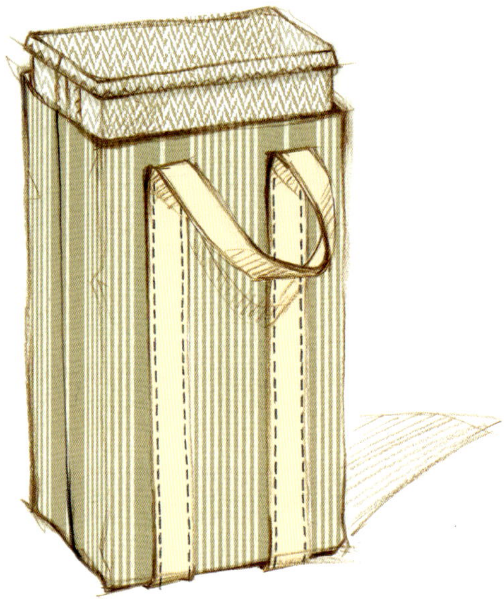

7 Falten Sie jedes Gurtband 6 cm über der Steppnaht der Länge nach in der Mitte, sodass ein Griff entsteht. Die beiden Lagen aneinanderstecken, heften und 2 mm vom Rand absteppen.

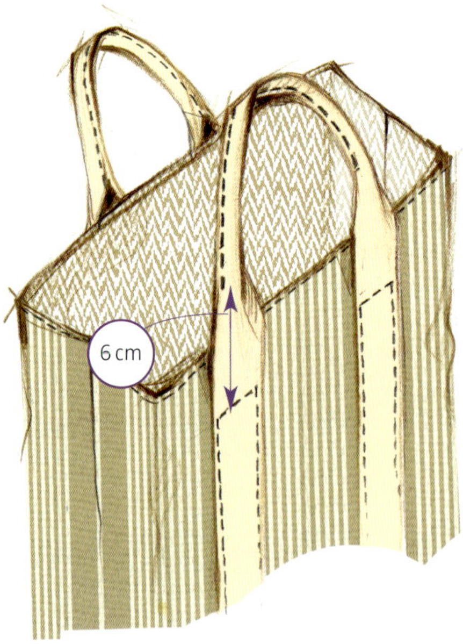

8 Stecken Sie die Pompons an einer Seite der Tasche mittig auf die Gurtbänder.

Tipp!

Verwenden Sie für stark strapazierte Nähte reißfestes Polyestergarn oder Umspinnzwirn. Diese Garne sind wesentlich belastbarer als gewöhnliches Nähgarn.

Ausrüstung

Nähzubehör (siehe Seite 7), Kugelschreiber, Bleistift, Haushaltsschere, Schneidematte, Winkeldreieck, Cutter, Werkzeug zum Einstanzen von Ösen.

Material

- Beschichtetes Tuch für die Außentasche: 76 cm x 85 cm
- Beschichtetes Tuch für das Innenfutter: 69 cm x 85 cm
- Mollton: 10 cm x 38 cm
- Grauer Karton, Stärke 3 mm: 19 cm x 48 cm
- Gurtband, Länge 4 cm: 20 cm
- 4 Ösen, ø 2 cm
- Nähgarn: farblich zum Tuch passend

Große Einkaufstasche

Maße der Tasche: Breite 48 cm x Tiefe 17 cm x Höhe 31 cm (ohne Henkel)

Vorbereitung

Auf Seite 141 ist dargestellt, wie die Teile zugeschnitten werden.

Stoff für die Außentasche - Zeichnen und zuschneiden: 1 Teil 50 cm x 85 cm (Vorder- und Rückseite); 2 Teile 19 cm x 33 cm (Seitenteile); 2 Teile 7 cm x 40 cm (Henkel).

Stoff für das Innenfutter - Zeichnen und zuschneiden:
1 Teil 50 cm x 85 cm (Vorder- und Rückseite);
2 Teile 19 cm x 33 cm (Seitenteile).
Markieren Sie, auf der linken Stoffseite, die Mitte der langen Seiten von Vorder- und Rückseiten sowie die Mitte jeweils einer kurzen Seite bei den vier Seitenteilen.

Mollton - Zeichnen und zuschneiden:
2 Teile 5 cm x 38 cm (Henkel).

Karton - Schneiden Sie ein Stück von den in der Materialliste angegebenen Maßen zu.

Gurtband - In vier Stücke von 5 cm schneiden.

1 Nehmen Sie die für die Außentasche vorgesehenen Teile. Legen Sie, rechts auf rechts, ein Seitenteil so auf Vorder- und Rückseite, dass die markierten Mitten aufeinanderliegen. Stecken Sie die beiden Teile rechts und links davon 1 cm vom Rand aneinander. Befestigen Sie ebenso das zweite Seitenteil an der gegenüberliegenden Seite. 1 cm vom Rand absteppen.

2 Die Seitenteile mit den langen Seiten an Vorder- und Rückseite stecken und 1 cm vom Rand absteppen. Schneiden Sie die Nahtzugaben an den unteren Ecken schräg ab. Die Oberkante links auf links 1 cm umklappen.

3 Mit den für das Futter vorgesehenen Teilen die Innentasche wie in Schritt 1 beschrieben anfertigen.

4 Wenden Sie die Außentasche auf rechts. Legen Sie den Karton auf den Boden und stecken Sie das Futter links auf links so in die Außentasche, dass Seitennähte und Oberkanten aufeinanderliegen. Schieben Sie in 11 cm Abstand zu den Seitennähten unter die Bruchkante des Futters vertikal ein rechteckiges Stück Gurtband. Die Oberkante rundum 2 mm vom Rand feststecken und absteppen.

5 Legen Sie einen Mollton-Streifen mittig auf jeden Henkel. Klappen Sie die Ränder des Tuchs 1 cm auf den Mollton um. Falten Sie das Ganze, Mollton auf Mollton, in der Mitte, indem Sie die langen Seiten aufeinanderlegen. Die drei offenen Kanten 2 mm vom Rand feststecken und absteppen.

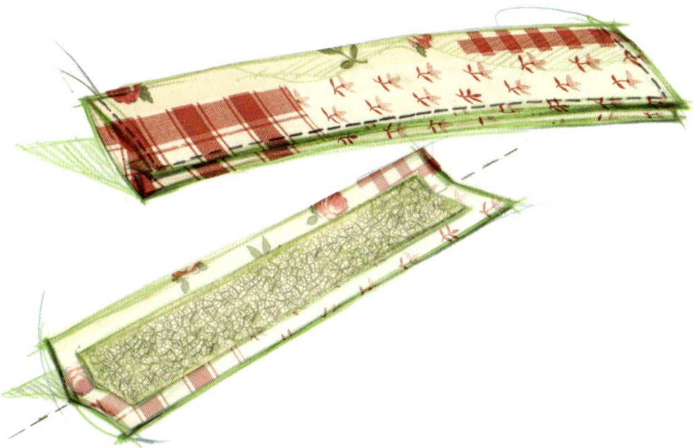

6 Nieten Sie die Ösen in die mit Gurtband verstärkten Stellen, also in 13 cm Abstand zu den Seitennähten und 3 cm unterhalb der Oberkante (siehe Seite 12). Die Henkel so durch die Ösen ziehen, dass ihre beiden Enden an der Außenseite der Tasche liegen, und verknoten.

Tipps!

Fügen Sie Ihre Teile zunächst mit Klebeband aneinander, bevor Sie sie zusammenstecken. So erhält Ihr beschichtetes Tuch keine unschönen Löcher an Stellen, die falsch zusammengesteckt sind.

Stecken Sie die Teile exakt an den Nahtlinien aneinander, sodass die Nähte die kleinen Löcher verbergen, die die Stecknadeln im beschichteten Tuch hinterlassen. Ziehen Sie die Stecknadeln heraus, während Sie die Teile aneinandernähen. Geben Sie acht, dass sie nicht vom Nähmaschinenfuß eingeklemmt werden.

Der Transporteur der Nähmaschine hat Schwierigkeiten, rutschfeste Materialien wie beschichtetes Tuch zu transportieren, sodass dieses eventuell Schaden nimmt. Legen Sie deswegen das Tuch Kante an Kante zwischen zwei Lagen Seidenpapier, und stecken und heften Sie durch alle Lagen. Nach dem Nähen entfernen Sie das Seidenpapier, indem Sie es vorsichtig abreißen.

Hinweis

Die angegebene Position der Ösen ist jeweils exakt bis zu ihrem Mittelpunkt gemessen.

rbereitung

f Seite 143 ist dargestellt, wie die Teile
geschnitten werden.

Toile de Jouy - Zeichnen und zuschneiden:
2 Teile 40 cm x 34 cm (Seitenteile);
1 Teil 21 cm x 16 cm (Innentasche).

Chambray - Zeichnen und zuschneiden:
2 Teile 40 cm x 34 cm.

Versäubern Sie die Kanten aller Teile.

1 Legen Sie die Seitenteile aus Toile de Jouy rechts auf rechts aufeinander. An der Unterkante (40 cm) und den Seiten feststecken. Heften, dann 1 cm von den Kanten absteppen. Die Seiten nur bis 7,5 cm unter der Oberkante nähen.

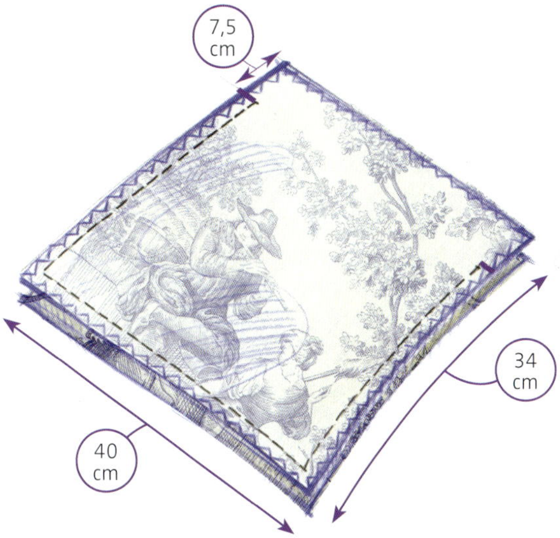

Höfische Pracht

Maße der Tasche: Breite der Unterseite 38 cm x Höhe 28,5 cm (ohne Henkel)

Ausrüstung

Nähzubehör (siehe Seite 7), Selbstlöschender Filzstift.

Material

- Toile de Jouy mit blauem Muster: 80 cm x 50 cm
- Chambray (für das Futter): 80 cm x 34 cm
- 2 Quasten
- 1 Paar runde Henkel aus Rohr, ungefähr ø 18 cm
- Nähgarn: naturweiß, blau

2 Die Nahtzugaben an den unteren Ecken schräg abschneiden, entlang der Nähte auseinanderbügeln und die Bruchkante beiderseits des Schlitzes verlängern. Die Bruchkanten anheften und 2 mm vom Bruch absteppen.

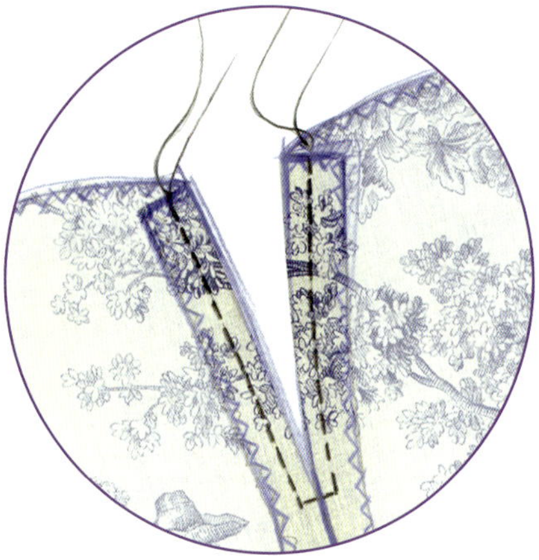

Die Oberkante jedes Teils links auf links 1 cm umklappen und bügeln. Die Arbeit auf rechts wenden.

3 Fertigen Sie das Innenfutter an, indem Sie Schritte 1 und 2 mit den Teilen aus Chambray wiederholen.

4 Die Oberkante der Innentasche (16 cm) links auf links erst 1 cm, dann 2 cm umklappen. Feststecken, heften und 2 mm vom inneren Bruch absteppen. Die Unterkante und die Seiten zweimal links auf links 5 mm einklappen und bügeln.

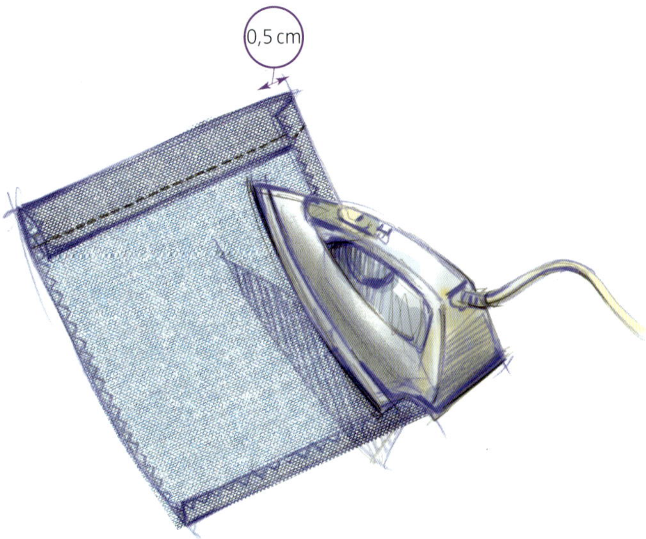

5 Stecken Sie die Innentasche auf ein Seitenteil des Futters (die linke Stoffseite der Tasche liegt auf der rechten Stoffseite des Futters): Positionieren Sie sie mittig in der Breite und 3 cm über die untere Naht. Die Unterkante und die beiden Seiten heften, dann 2 mm von den Kanten absteppen und an den Enden eine dreieckige Verstärkungsnaht nähen (siehe Fig. 23, Seite 17).

6 Stecken Sie das Futter links auf links so in die Außentasche, dass die Nähte und die Oberkanten aufeinanderliegen. Letztere aneinanderstecken. Heften und 2 mm von den Oberkanten absteppen.

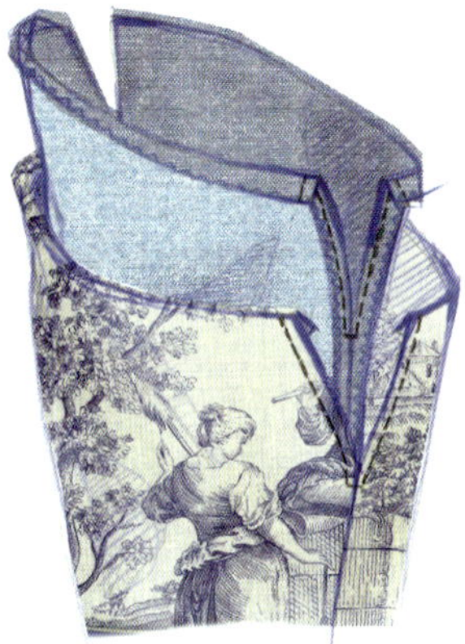

7 Die Oberkanten beider Seitenteile um 5 mm nach innen klappen, dann über einen Henkel legen und nochmals 3 cm umklappen. Feststecken, heften und 2 mm vom Bruch innen absteppen. Zum Schluss mit kleinen, unsichtbaren Stichen durch alle Stofflagen je eine Quaste an die unteren Ecken der Tasche nähen.

RONSARD

Ausrüstung

Nähzubehör (siehe Seite 7), Selbstlöschender Filzstift.

Material

- Jutestoff, naturfarben: 114 cm x 106 cm
- Dicker Baumwollstoff, orange: 114 cm x 63 cm
- 4 Holzknöpfe, ø 3,5 cm
- Nähgarn: orange, jutefarben

Schicke Riesentasche

Maße der Tasche: Breite 35 cm x Tiefe 20 cm x Höhe 41 cm (ohne Henkel)

Vorbereitung

Auf Seite 142 ist dargestellt, wie die Teile zugeschnitten werden.

Jutestoff - Zeichnen und zuschneiden:
4 Teile 57 cm x 42 cm (Seitenteile);
1 Teil 37 cm x 22 cm (Boden).

Baumwollstoff - Zeichnen und zuschneiden:
2 Teile 57 cm x 11 cm (Bezug unten);
1 Teil 37 cm x 22 cm (Boden);
1 Teil 21 cm x 19 cm (Innentasche);
2 Teile 57 cm x 6 cm (obere Borte);
2 Teile 12 cm x 47 cm (kurze Henkel);
2 Teile 12 cm x 73 cm (lange Henkel).

Versäubern Sie die Kanten aller Teile. Markieren Sie die Mitte der kurzen Seiten jeden Bodenteils.

1 Legen Sie einen Bezug aus Baumwolle und ein Seitenteil aus Jute rechts auf rechts aufeinander; die Oberkante der Baumwolle (57 cm) 9 cm unter der Unterkante des Jutestoffs (57 cm) feststecken. Anheften, dann 1 cm von der Kante absteppen. Den Bezug umklappen, sodass seine Unterkante auf der des Seitenteils zu liegen kommt. Den Bruch bügeln, durch alle Stofflagen heften und 2 mm von der Naht aufnähen. Auf dieselbe Weise den zweiten Bezug auf ein zweites Seitenteil nähen.

2 Legen Sie die beiden in Schritt 1 bearbeiteten Teile rechts auf rechts aufeinander, sodass die Bezüge aufeinandertreffen. Die Seiten feststecken, heften und 1 cm von den Kanten absteppen. Die Nahtzugaben auseinanderbügeln.

3 Stecken Sie das in Schritt 2 zusammengefügte Teils rechts auf rechts rund um den Boden. Die Seitennähte und die Markierungen in der Mitte treffen aufeinander. Heften und 1 cm von der Kante absteppen. Schneiden Sie die Nahtzugaben an den abgerundeten Ecken ein und bügeln Sie sie auseinander. Die Arbeit auf rechts wenden.

4 Für das Innenfutter legen Sie die beiden verbleibenden Seitenteile rechts auf rechts aufeinander. An den kurzen Seiten feststecken, heften und 1 cm von den Kanten absteppen. Das Teil wie in Schritt 3 beschrieben an den Boden aus Jute nähen.

7 Die Teile für die Borte rechts auf rechts aufeinanderlegen. Die kurzen Seiten feststecken, heften und 1 cm von den Kanten absteppen. Die Kanten dieses Stoffrings links auf links 1 cm umklappen und einbügeln. Die Borte durch alle Lagen an die Oberkante der Tasche stecken, mit der Naht auf einer Seitennaht. Anheften und absteppen. Die Borte auf die Innenseite klappen und mit Saumstich annähen (siehe Fig. 16, Seite 16).

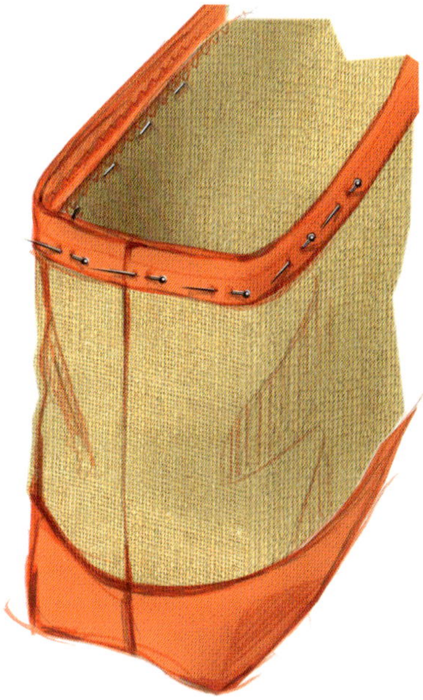

5 Klappen Sie bei der Innentasche die Oberkante (21 cm) links auf links erst 1 cm, dann 3 cm um. Feststecken, heften und 2 mm vom inneren Bruch absteppen. Unterkante und Seiten links auf links 1 cm umklappen und einbügeln. Stecken Sie die Tasche auf ein Seitenteil des Innenfutters (die linke Seite der Baumwolle liegt auf der rechten Seite der Jute), auf die Mitte der Breite und 10 cm unter die Oberkante. Den unteren Rand und die Seiten heften und 2 mm von den Kanten absteppen. An den Enden eine dreieckige Verstärkungsnaht nähen (siehe Fig. 23, Seite 17).

6 Stecken Sie das Futter, links auf links, in die Außentasche, sodass die Seitennähte und die Oberkanten der beiden Teile aufeinanderliegen. Die Oberkanten aneinanderstecken und anschließend heften.

8 Bei beiden Henkeln die vier Kanten links auf links 1 cm umklappen und einbügeln. Die Henkel links auf links so in der Mitte falten, dass die langen Seiten aufeinander liegen. Alle Kanten feststecken, heften und 2 mm vom Rand absteppen.

9 Zeichnen Sie auf jeden Henkel, im Abstand von 3 cm zu den beiden Enden und parallel dazu, in die Mitte der Breite ein Knopfloch von 3,5 cm Länge. Die Knopflochleisten umnähen und aufschlitzen. Klappen Sie die langen Kanten der kurzen Henkel 15 cm von einem Ende zur Mitte.

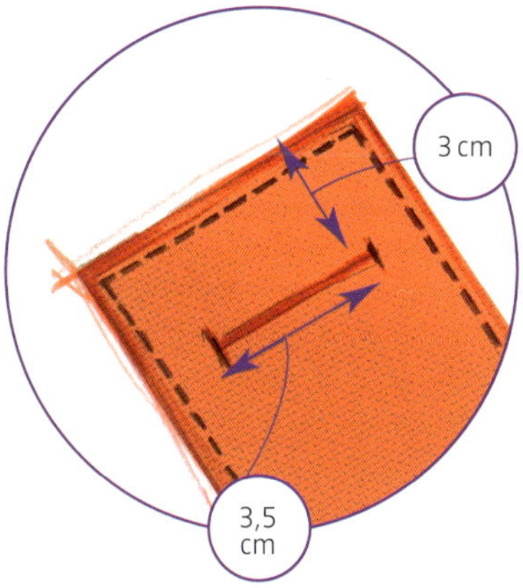

Über eine Länge von 15 cm und 2 mm von den Kanten zu Griffen zusammennähen. Dazu die beiden Stofflagen aufeinanderstecken, heften und 2 mm vom Rand absteppen. Nähen Sie die Knöpfe außen auf die Tasche, 17 cm von den Seitennähten und 5 cm von der Oberkante entfernt. Knöpfen Sie die Henkel Ihrer Wahl auf.

Tipps!

Verwenden Sie für stark strapazierte Nähte reißfestes Polyestergarn oder Umspinnzwirn. Diese Garne sind wesentlich belastbarer als gewöhnliches Nähgarn.

Damit Sie die Henkel leicht austauschen können, dürfen die Knöpfe nicht zu dicht auf die Jute genäht werden. Legen Sie deshalb beim Annähen einen Zahnstocher oder ein Streichholz zwischen Knopf und Stoff, längs unter die Knopflöcher (siehe Fig. 1, Seite 10).

Hinweis

Die angegebene Position der Knöpfe ist jeweils exakt bis zu ihrem Mittelpunkt gemessen.

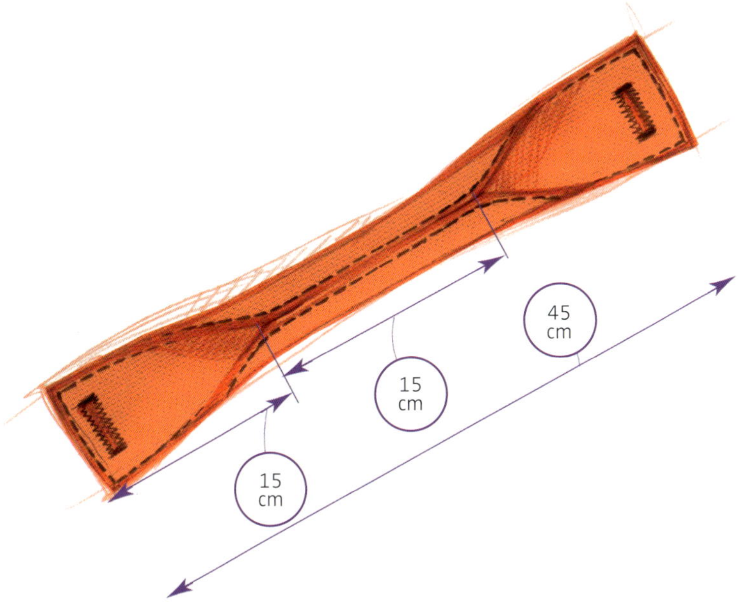

Vorbereitung

Auf Seite 143 ist dargestellt, wie die Teile zugeschnitten werden.

Kunstpelz - Zeichnen und zuschneiden:
1 Teil mit den in der Materialliste angegebenen Maßen.

Gestreifter Stoff - Zeichnen und zuschneiden:
1 Teil 29,5 cm x 80,5 cm (Vorder- und Rückseite); 1 Teil 4,5 cm x 104 cm (Schulterriemen).
Versäubern Sie die Kanten aller Teile aus Kunstpelz und aus Stoff.

Tressen - Zuschneiden:
2 Tressen, Länge 104 cm (Schulterriemen);
1 Tresse, Länge 43 cm (Schlaufe);
1 Tresse, Länge 18 cm (Knopf).

Kautschuk - Zuschneiden: 1 Teil mit den in der Materialliste angegebenen Maßen.

1 Klappen Sie eine kurze Seite des Kunstpelzes links auf links 3 cm um; feststecken, heften und 5 mm von der Kante absteppen. Klappen Sie die andere kurze Seite links auf links 1,5 cm um; feststecken, heften und 1 cm von der Kante absteppen. Klappen Sie dieselbe Seite rechts auf rechts 26 cm um. Stecken Sie die Seiten des Umschlags fest. Heften und 1 cm von den Kanten absteppen. Schneiden Sie die Nahtzugaben an den unteren Ecken schräg ab. Klappen Sie in Verlängerung der Nähte die Seiten der Klappe links auf links 1 cm um. Heften und mit Saumstich bis ans Ende des 3 cm breiten Bruchs nähen (siehe Fig. 16, Seite 16). Wenden Sie die Arbeit auf rechts.

A la Zarin

Maße der Tasche: Breite 28 cm x Höhe 26 cm (ohne Schulterriemen)

Ausrüstung

Nähzubehör (siehe Seite 7), Selbstlöschender Filzstift, Kugelschreiber, Haushaltsschere, Schneidematte, Lineal, Cutter, Klebepistole.

Material

- Kunstpelz, nerzfarben: 30 cm x 83 cm
- Stoff, altgold gestreift (für das Futter): 34 cm x 104 cm
- Tresse, altgold, Breite 1,25 cm: 269 cm
- Stück Kautschuk zum Einlegen: 28 cm x 25 cm
- Nähgarn: nerzbraun, gelb, altgold

2 Fertigen Sie das Innenfutter aus Vorder- und Rückseite im Streifenstoff an und gehen Sie vor, wie in Schritt 1 beschrieben, aber ohne die Bruchkanten abzusteppen (nur einbügeln). Klappen Sie die andere kurze Seite über eine Breite von 25,5 cm anstelle von 26 cm um.

3 Die langen Kanten der Schulterriemen links auf links 1 cm umklappen und einbügeln. Stecken Sie die beiden Tressen des Schulterriemens nebeneinander auf die linke Stoffseite. Heften und die langen Außenkanten 2 mm vom Rand absteppen. Die langen Innenkanten mit Saumstich verbinden (siehe Fig. 16, Seite 16).

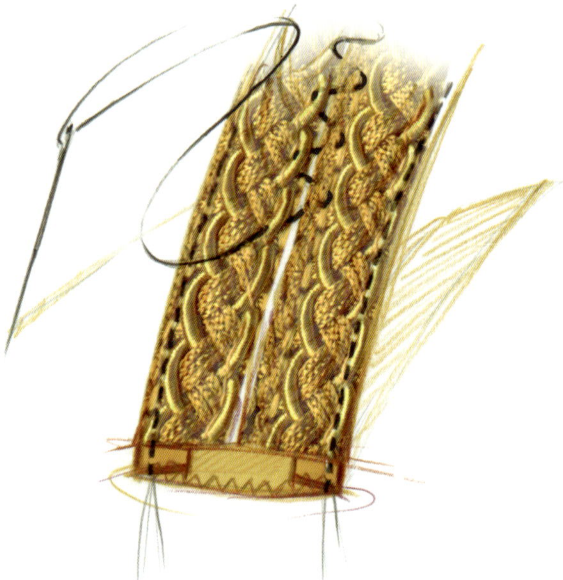

4 Stecken Sie das Innenfutter links auf links so in die Außentasche, dass die Seitennähte aufeinanderliegen. Schieben Sie das Kautschukstück auf der Rückseite der Tasche zwischen die beiden Lagen. Stecken Sie das Futter entlang der Öffnung sowie an den drei Seiten der Klappe fest. Schieben Sie die Enden des Schulterriemens 2 cm tief dahinter, direkt an der Oberkante der Öffnung (die mit Tressen besetzte Seite liegt außen). Heften, dann mit Saumstich annähen. An den Enden des Schulterriemens durch alle Lagen eine unsichtbare Verstärkungsnaht nähen.

5 Nehmen Sie die Tresse für die Schlaufe. Bestreichen Sie ihre Enden mit Kleber, damit sie nicht ausfransen. Trocknen lassen und die Schlaufe wie in der Zeichnung gezeigt legen. Die Lagen aufeinanderstecken und mit etwas Kleber befestigen. Zum Schluss von Hand zusammennähen.

6 Nehmen Sie die Tresse für den Knopf. Die Enden 1,5 cm umklappen und mit einem Tropfen Kleber fixieren. Trocknen lassen. Verknoten Sie ein Ende, wie in der Zeichnung gezeigt. Mit einigen Saumstichen fixieren.

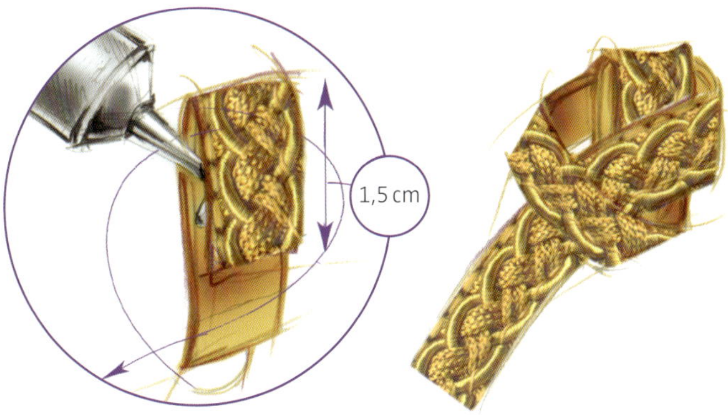

7 Nähen Sie die Schlaufe auf die Außenseite der Klappe, auf die Mitte der Breite und direkt an die Unterkante. Die untere Schlaufe wird nicht angenäht. Den Knopf in derselben Höhe auf die Außenseite der Tasche platzieren und an den Kanten des eingeschlagenen Endes aufnähen.

Ausrüstung

Nähzubehör (siehe Seite 7), Selbstlöschender Filzstift, Werkzeug zum Einnieten der Ösen, Werkzeug zum Einnieten der Druckknöpfe.

Material

- Dicker Baumwollstoff mit Blumenmuster: 56 cm x 100 cm
- Dicker Baumwollstoff mit Streifenmuster: 51 cm x 100 cm
- 8 Druckknöpfe zum Einnieten, ø 1,3 cm
- 8 Ösen, ø 2,5 cm
- 4 Karabinerhaken
- Nähgarn: farblich passend zum Stoff

Picadilly Circus

Maße der Tasche: Breite 45 cm x Höhe 44 cm (ohne Henkel)

Vorbereitung

Auf Seite 143 ist dargestellt, wie die Teile zugeschnitten werden.

Blumenstoff - Zeichnen und zuschneiden:
2 Teile 47 cm x 50 cm (Seitenteile);
2 Teile 9 cm x 47 cm (Henkel).

Gestreifter Stoff - Zeichnen und zuschneiden:
2 Teile 47 cm x 50 cm (Seitenteile);
4 Teile 4 cm x 19 cm (Laschen der Henkel).
Versäubern Sie die Kanten aller Teile.

1 Legen Sie die beiden Seitenteile im Blumenmuster rechts auf rechts aufeinander. Die Unterkante (47 cm) und die Seiten feststecken. Heften und 1 cm von den Kanten absteppen. Die Nahtzugaben an den unteren Ecken schräg abschneiden und an den Seiten auseinanderbügeln. Die Tasche auf rechts wenden.

2 Eine der unteren Ecken der Tasche so abknicken, dass die Seitennaht auf der Bodennaht aufliegt. Nieten Sie die Druckknopfhälfte mit Vertiefung durch alle Lagen in 2 cm Abstand zur Ecke auf die Naht, die Hälfte mit der Kugel 13 cm weiter oben (siehe Seite 11). Wiederholen Sie diese Schritte an der gegenüberliegenden Seitennaht. Klappen Sie die Oberkante links auf links 1 cm um, dann bügeln.

3 Wiederholen Sie die Schritte 1 und 2 mit den Seitenteilen aus dem gestreiften Stoff.

4 Stecken Sie die gestreifte Tasche links auf links in die geblümte, sodass ihre Seitennähte und Oberkanten aufeinandertreffen. Letztere aneinanderstecken, dann heften. Die Tasche rundum 2 mm unter der Oberkante absteppen.

5 Zeichen Sie in 12 cm Abstand zu den Seitennähten und 4 cm unterhalb der Oberkante Markierungen auf, dann weitere 8 cm darunter. Nieten Sie hier die Ösen ein (siehe Seite 12). Dann die Oberkante der Tasche umklappen, sodass die Ösen paarweise übereinanderliegen.

6 Klappen Sie die langen Kanten der Laschen links auf links 1 cm um, dann bügeln. Die Laschen durch die Ösen ziehen. Bei beiden Laschen die kurzen Seiten aufeinanderlegen, feststecken, heften und 1 cm von der Kante absteppen. Die Nahtzugaben auseinanderbügeln. Falten Sie die so entstandenen Ringe links auf links auf die Hälfte, indem Sie die langen Kanten aufeinanderlegen. Feststecken und heften. Beide Kanten 2 mm vom Rand absteppen.

7 Die vier Kanten der Henkel links auf links 1 cm umklappen und bügeln. Falten Sie die Henkel links auf links in der Mitte, indem Sie die langen Kanten aufeinanderlegen. Rundum feststecken, heften und 2 mm vom Rand absteppen.

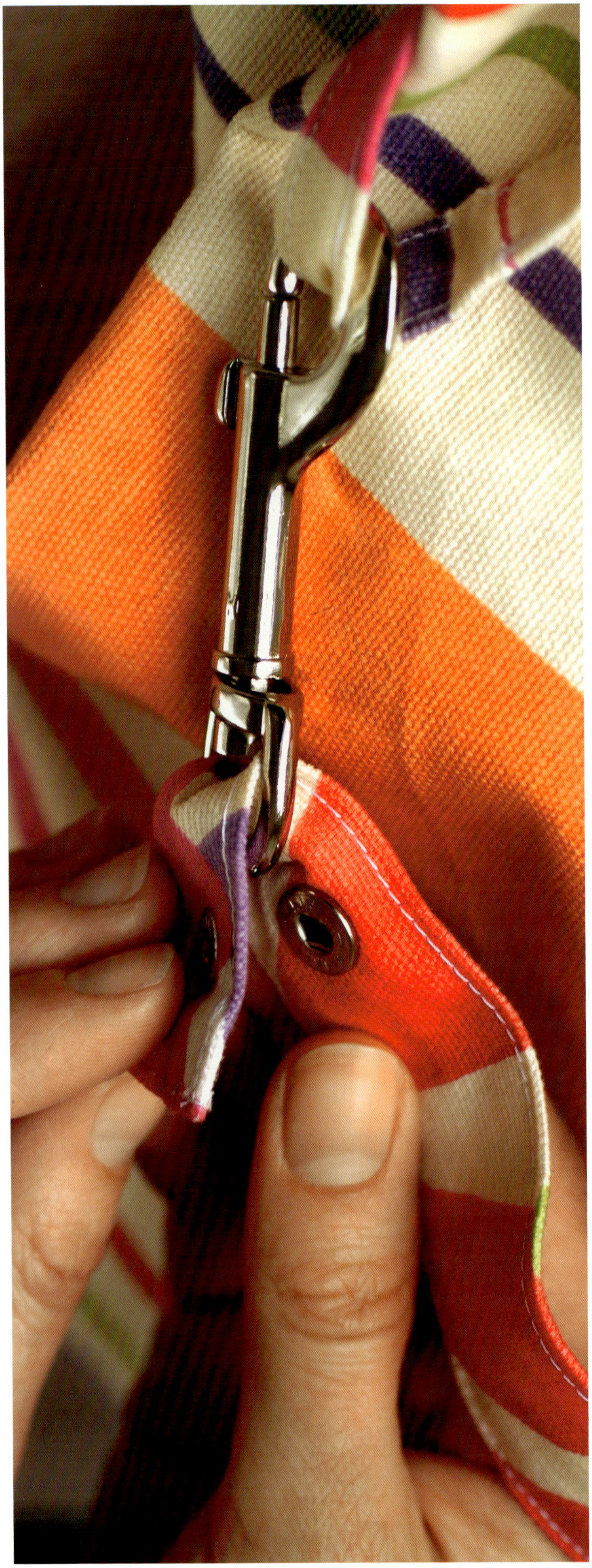

8 Stecken Sie jeden Henkel mit einem Ende durch die Öse eines Karabinerhakens. Das Ende 2,5 cm umklappen, feststecken, heften und mit kleinen, unsichtbaren Stichen von Hand annähen.

9 Auf jedem Henkel, auf die Seite mit der Bruchkante und an die auf der Zeichnung unten angegebenen Stellen eine Druckknopfhälfte mit Kugel und zwei Druckknopfhälften mit Vertiefung einnieten. Die Henkel durch die festen Ringe der verbleibenden Karabinerhaken ziehen und in der gewünschten Länge zusammenknöpfen.

Tipp!

Verwenden Sie für stark strapazierte Nähte reißfestes Polyestergarn oder Umspinnzwirn. Diese Garne sind wesentlich belastbarer als gewöhnliches Nähgarn.

Hinweis

Die angegebene Position der Ösen und Druckknöpfe ist jeweils exakt bis zu ihrem Mittelpunkt gemessen.

Vorbereitung

Kopieren Sie die Vorlage des Seitenteils von Seite 144 auf 100 %.
Auf derselben Seite ist dargestellt, wie die Teile zugeschnitten werden.
Gemusterter Stoff - Zeichnen und zuschneiden: je 1 Vorder- und Rückseite; 1 Teil 5 cm x 51,5 cm (Streifen); 4 Teile 4 cm x 8 cm (Laschen für die Henkel); 1 Teil ø 6 cm (zum Beziehen des Knopfes).
Gestreifter Stoff - Zeichnen und zuschneiden: je 1 Vorder- und Rückseite; 1 Teil 5 cm x 51,5 cm (Streifen).
Versäubern Sie die Kanten aller Teile.
Acetat - Zeichnen und zuschneiden: je 1 Vorder- und Rückseite.

1 Nehmen Sie die für die Außentasche vorgesehenen Teile. Stecken Sie den Streifen rechts auf rechts an der Unterkante (19 cm) und den Seiten zwischen Vorder- und Rückseite. Heften und 5 mm von der Kante absteppen. Die Nahtzugaben an den unteren Ecken schräg abschneiden und an den Kanten auseinanderbügeln. Die Oberkante links auf links 5 mm umklappen und bügeln.

2 Aus den für das Futter vorgesehenen Teilen die Innentasche anfertigen. Gehen Sie vor, wie in Schritt 1 beschrieben.

Tupfen und Federn

Maße der Tasche: Breite des Bodens 18 cm x Tiefe 4 cm x Höhe 15 cm (ohne Henkel)

Ausrüstung

Nähzubehör (siehe Seite 7), Selbstlöschender Filzstift, Kugelschreiber, Zirkel, Haushaltsschere, Schneidematte, Lineal, Cutter, Sicherheitsnadel.

Material

- Gemusterter Baumwollstoff, grau: 24 cm x 51,5 cm
- Baumwollstoff, grau gestreift (für das Futter): 24 cm x 51,5 cm
- Zwei flache Henkel aus transparentem Plastik, maximal 13 cm lang, an jedem Ende mit einem 1,5 cm langen Loch
- Weiße Boa: 40 cm
- Knopf zum Beziehen, ø 4 cm
- Acetat: 40 cm x 48 cm
- Nähgarn: grau, transparentes Nylon

Kopieren Sie die Vorlage mithilfe eines Fotokopierers.

3 Falten Sie jede Lasche rechts auf rechts auf die Hälfte, indem Sie die langen Kanten aufeinanderlegen. Die lange offene Kante feststecken, heften und 5 mm vom Rand absteppen. Die Laschen auf rechts wenden und ihre Nähte mittig auf eine Seite legen; bügeln. Die Laschen durch die Löcher der Henkel stecken und zur Schlaufe legen.

4 Wenden Sie die Außentasche auf rechts. Legen Sie das Acetat hinein. Stecken Sie anschließend die Innentasche hinein, sodass Nähte und Oberkanten von Innen- und Außentasche aufeinandertreffen. Schieben Sie die Laschen für die Henkel exakt in der Mitte der Breite 1 cm tief zwischen das Acetat und das Futter und stecken Sie sie fest. Die Oberkanten durch alle Lagen feststecken und heften. 2 mm von der Kante rundum absteppen.

5 Beziehen Sie den Knopf mit dem hierfür vorgesehenen Stück Stoff (siehe Seite 10). Nähen Sie ihn auf eine Seite der Tasche in der Mitte der Breite auf, 4,5 cm unter der Oberkante.

6 Die Boa durch alle Lagen hindurch an die Oberkante stecken. Von Hand mit Nylonfaden aufnähen (kleine Stiche) .

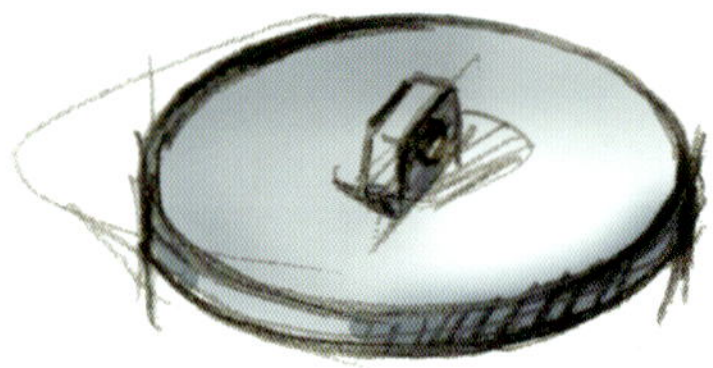

Tipp!

Um die Laschen auf rechts zu wenden, stecken Sie eine Sicherheitsnadel an einem Streifenende in eine Stofflage, schieben sie in die Lasche hinein und durch den Stoff hindurch, bis sie am anderen Ende wieder austritt.

Ausrüstung

Nähzubehör (siehe Seite 7), Selbstlöschender Filzstift, Kugelschreiber, Haushaltsschere, Schneidematte, Lineal, Cutter.

Material

- Jeansstoff: 83 cm x 88 cm
- Kaninchenfellstreifen, aus einzelnen wie Kettenglieder zusammengesetzten Teilen bestehend: 80 cm
- Kordel ø 1,5 cm : 80 cm
- Nähgarn: jeansblau, transparentes Nylon
- Acetat: 60 cm x 36 cm

Vergrößern Sie die Vorlage mithilfe eines Fotokopierers.

Jeans mit Pelzbesatz

Maße der Tasche: Breite 31 cm x Tiefe 10 cm x Höhe 25 cm (ohne Henkel)

Vorbereitung

Vergrößern Sie die Vorlage für den Boden von Seite 145 auf 130 %.
Auf derselben Seite ist dargestellt, wie die Teile zugeschnitten werden.
Jeansstoff - Zeichnen und zuschneiden:
4 Teile 38 cm x 27 cm (Seitenteile);
2 Bodenteile; rundum 1 cm Nahtzugabe zugeben;
2 Teile 7 cm x 44 cm (Henkel).
Versäubern Sie die Kanten aller Teile.
Übertragen Sie auf die linke Seite der Bodenteile die zentralen Markierungen der Vorlage (schwarze Dreiecke).
Acetat - Zeichnen und zuschneiden: 1 Boden und 2 Teile 36 cm x 25 cm (Seiten).
Kordel - In zwei gleich lange Stücke schneiden.

1 Legen Sie die beiden Seitenteile rechts auf rechts aufeinander. Die kurzen Kanten feststecken, heften und 1 cm vom Rand absteppen. Die Nahtzugaben auseinanderbügeln. Setzen Sie auf dieselbe Weise die zwei anderen Seitenteile zusammen.

2 Zwei der Seitenteile rechts auf rechts an einen Boden stecken, sodass die Seitennähte und die zentralen Markierungen aufeinandertreffen. Heften und 1 cm vom Rand absteppen. Die Nahtzugaben an den Kurven einschneiden, dann auseinanderbügeln. Nähen Sie auf dieselbe Weise die anderen Seitenteile an den zweiten Boden.

3 Die Oberkanten der beiden Taschen links auf links 1 cm umklappen und bügeln.

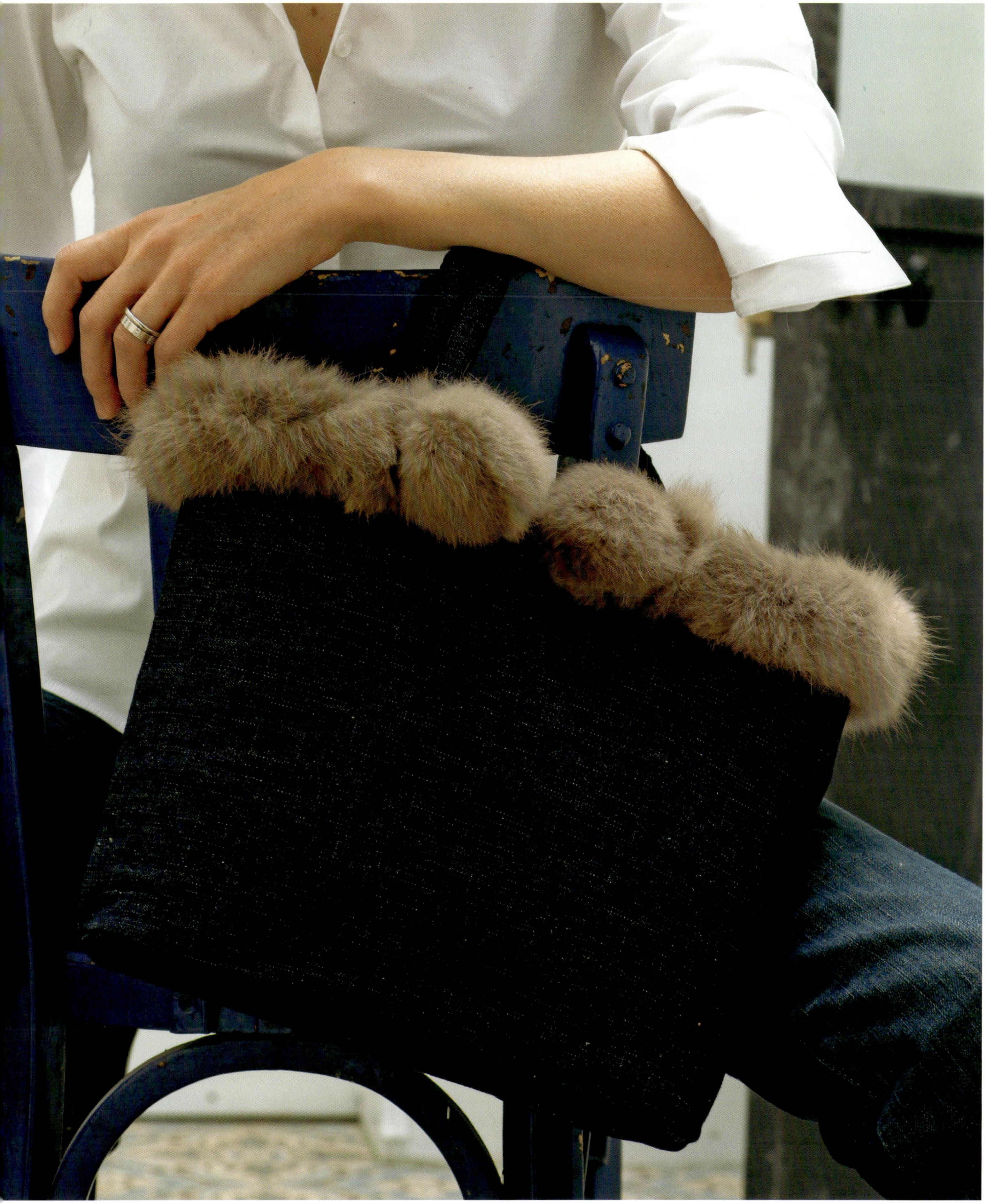

4 Bei jedem Henkel eine lange Kante links auf links 1 cm umklappen und bügeln. Eine Kordel mittig auf die linken Seite jedes Henkels legen. Die beiden langen Kanten so darüberfalten, dass diejenige mit Bruchkante die andere bedeckt. Feststecken, heften und mit Saumstich zunähen (siehe Fig. 16, Seite 16).

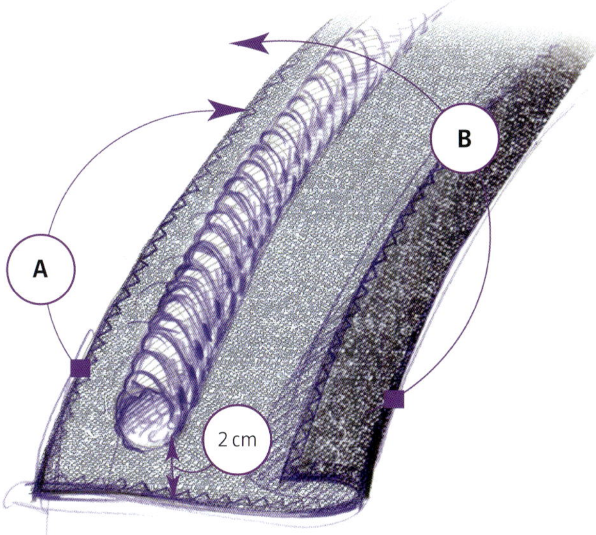

5 Eine der Taschen auf rechts wenden. Legen Sie den Boden aus Acetat hinein. Links auf links die andere Tasche hineinstecken, sodass Seitennähte und Oberkanten der Taschen aufeinandertreffen. Die Rechtecke aus Acetat zwischen beide Seitenteile schieben und unter den oberen Bruch der Außentasche klemmen. Stecken Sie das Kaninchenfell provisorisch auf die Oberkante, durch alle Stofflagen hindurch. 11 cm von den Seitennähten die Enden der Henkel zwischen den Pelzteilen durchstecken und 2 cm tief zwischen Außen- und Innentasche schieben. Feststecken. Die Stecknadeln entfernen und die Pelzborte zur Henkelschlaufe hochziehen. Die Oberkanten von Innen- und Außentasche durch alle Lagen aneinanderstecken, heften und 2 mm vom Rand absteppen, dabei jedes Mal am Henkel wenden und zurücknähen.

Tipp!

Verwenden Sie für stark strapazierte Nähte reißfestes Polyestergarn oder Umspinnzwirn. Diese Garne sind wesentlich belastbarer als gewöhnliches Nähgarn.

6 Den Pelzbesatz durch alle Stofflagen hindurch so auf die Oberkante der Tasche stecken, dass die einzelnen Pelzstücke weich fallen. Feststecken und mit kleinen Stichen und mit Nylonfaden von Hand annähen.

Vorbereitung

Vergrößern Sie die Vorlage der Vorder- bzw. Rückseite von Seite 146 auf 229 %. Stecken Sie sie auf die in der Mitte gefalteten Stoffe (siehe Fig. 8, Seite 14). Verfahren Sie mit den Blenden ebenso, verwenden Sie aber nur den oberen Teil der Vorlage.

Auf Seite 146 ist dargestellt, wie die Teile zugeschnitten werden.

Alle Stoffe – Zeichnen und zuschneiden: 1 Teil für Vorder- bzw. Rückseite, dabei rundum 1 cm Nahtzugabe hinzufügen; 1 Blende, dabei rundum 1 cm Nahtzugabe hinzufügen; 1 Teil 8 cm x 106 cm (Streifen); 1 Teil 12 cm x 19 cm (Etui). Versäubern Sie die Kanten aller Teile. Zeichnen Sie auf die linke Stoffseite von Vorder- und Rückseite die Markierungen der Vorlage (schwarze Dreiecke), und markieren Sie die Mitte einer langen Kanten der Streifen.

Tasche

1 Legen Sie die Enden der Henkel der Vorder- und Rückseiten und jede Blende aufeinander. Feststecken, heften und 1 cm von der Kante absteppen.

Einkaufstasche im Etui

Maße der Tasche: Breite 40 cm x Tiefe 12 cm x Höhe 55 cm
Maße des Etuis: Breite 10 cm x Höhe 16 cm

Ausrüstung

Nähzubehör (siehe Seite 7), Selbstlöschender Filzstift, Haushaltsschere, Spitze Nähnadel mit großem Öhr.

Material

- Feiner Baumwollstoff, dunkelrosa: 62 cm x 106 cm
- Feiner Baumwollstoff, hellrosa: 62 cm x 106 cm
- Knopf, dunkelrosa, 2 cm Durchmesser
- Nähgarn: dunkelrosa, hellrosa
- Perlgarn: hellrosa

Vergrößern Sie die Vorlage mithilfe eines Fotokopierers.

Bei den Henkeln von Vorder- und Rückseite die Nahtzugaben auseinanderbügeln und heften. 2 mm rechts und links von der Naht durchsteppen.

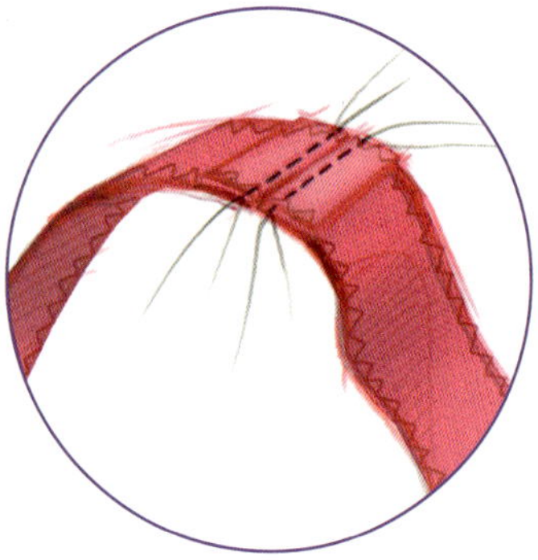

2 Die hellrosa Blende rechts auf rechts auf das dunkelrosa Vorderteil legen. Den inneren Kreis um den Griff herum feststecken, heften und 1 cm von der Kante absteppen. Die Nahtzugaben an den Kurven einschneiden und rundum auseinanderbügeln. Wenden Sie die Arbeit auf rechts. Steppen Sie den inneren Kreis durch alle Lagen ab, in 3 mm Abstand zur Kante. Verfahren Sie mit der anderen Taschenhälfte genauso.

3 An den beiden Seitenkanten der im vorherigen Schritt zusammengesetzten Hälften die Außenkanten von Vorderteil und Blende aufeinanderlegen. Feststecken, heften und 1 cm von der Kante über eine Länge von etwa 5 cm absteppen.

4 Legen Sie die beiden Streifen links auf links aufeinander. Die langen Kanten ohne Markierungen feststecken, heften und 1 cm von der Kante mit hellrosa Garn absteppen. Die Nahtzugaben auseinanderbügeln und auf den dunkelrosa Stoff legen. Beiden Kanten zusammen 5 mm umklappen und heften. Direkt am Bruch mit dunkelrosa Garn durch alle Lagen absteppen.

5 Legen Sie den dunkelrosa Streifen rechts auf rechts auf die hellrosa Rückseite, sodass die zentralen Markierungen aufeinandertreffen. Rechts und links davon die beiden Teile bis zur Oberkante der Blende feststecken (letztere soll glatt auf Vorder- und Rückseite aufliegen und nicht gefaltet sein). Heften und 1 cm vom Rand absteppen. Nähen Sie auf dieselbe Weise das dunkelrosa Vorderteil an den hellrosa Streifen.

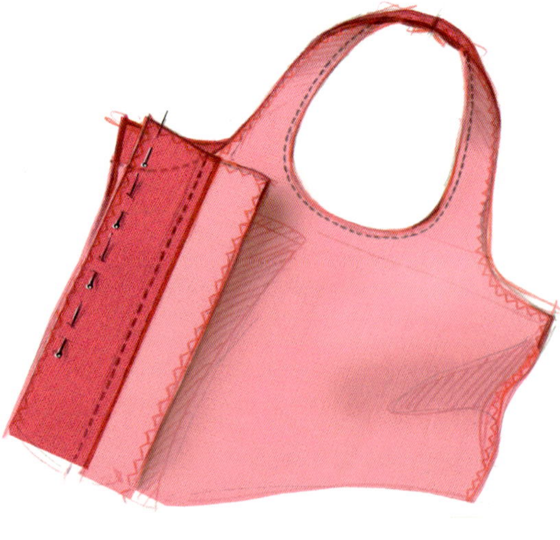

6 In Verlängerung der in Schritt 3 ausgeführten Nähte die Enden der Streifen sowie die Außenkanten von Vorder- und Rückseite und der Blenden links auf links 1 cm umklappen. Den Bruch Stück für Stück einbügeln. Die Tasche rundum durch alle Lagen abheften und 3 mm von der Kante absteppen. Stimmen Sie dabei das Garn farblich auf den jeweiligen Stoff ab.

7 Klappen Sie die Unterkante der Streifen und der Blenden links auf links 1 cm um. Feststecken, heften und 3 mm vom Rand absteppen, dabei darauf achten, dass die Außenseite der Tasche nicht mit eingenäht wird.

›››

Etui

1 Legen Sie die beiden Teile für das Etui rechts auf rechts aufeinander. Die Unterkante (12 cm) und die Seiten feststecken. Heften und 1 cm von den Kanten absteppen. Schneiden Sie die Nahtzugaben an den unteren Ecken schräg ab.

2 Klappen Sie die Oberkante zweimal links auf links 1,5 cm um. Feststecken, heften und 1 cm von der Kante absteppen. Stimmen Sie das Garn farblich auf den Stoff ab.

3 Nähen Sie mittig an die Oberkante der dunkelrosa Seite des Etuis eine Schlaufe aus Perlgarn, die 4 cm lang ist und deren Enden 1,5 cm auseinanderliegen (siehe Fig. 19 und 20, Seite 16). Nähen Sie ebenfalls mit Perlgarn den Knopf gegenüber auf die hellrosa Seite, mittig in der Breite und 2,5 cm unterhalb der Oberkante.

Tipps!

Da diese Tasche kein Innenfutter hat, müssen die Nähte besonders sorgfältig gearbeitet werden.

Damit die Nähte auf Vorder- und Rückseite und Blenden nicht zu stark hervortreten, sollte der Oberfaden farblich auf den oberen Stoff, der Unterfaden auf den unten liegenden Stoff abgestimmt werden.

Ausrüstung

Nähzubehör (siehe Seite 7), Selbstlöschender Filzstift, Bleistift, Schneidematte, Cutter, Lineal, Reißverschlussfuß für Nähmaschinen.

Material

- Dicker Baumwollstoff mit Streifenmuster: 46 cm x 98 cm
- Dicker Baumwollstoff, rot (für das Futter) : 46 cm x 58 cm
- Zwei Henkel aus braunem Leder, an den Enden mit einem Ring versehen, ø 3 cm
- Grauer Karton, 3 mm stark: 55 cm x 36 cm
- Türkises Band, 1 cm breit: 26 cm
- Türkises Band, 2 cm breit: 16 cm
- Ring ø 2 cm
- Karabinerhaken
- Magnetischer Druckknopf zum Aufnähen
- Nähgarn: farblich zu den Stoffen passend

Bajadere

Maße der Tasche: Breite 36 cm x Tiefe 6 cm x Höhe 25 cm (ohne Henkel)
Maße der abnehmbaren Tasche: Breite 18 cm x Höhe 11,5 cm

Vorbereitung

Auf Seite 147 ist dargestellt, wie die Teile zugeschnitten werden.

Gestreifter Stoff - Bei allen Teilen müssen die Streifen parallel zu den langen Seiten verlaufen. Zeichnen und zuschneiden: 1 Teil 38 cm x 58 cm (Vorder- und Rückseite); 2 Teile 8 cm x 27 cm (Streifen); 1 Teil 20 cm x 40 cm (abnehmbare Tasche).

Roter Stoff - Zeichnen und zuschneiden: 1 Teil 38 cm x 58 cm (Vorder- und Rückseite); 2 Teile 8 cm x 27 cm (Streifen).

Versäubern Sie die Kanten aller Teile.

Markieren Sie bei den Teilen für Vorder- und Rückseite auf der linken Stoffseite die Mitte der langen Kanten und bei den Streifen die Mitte einer kurzen Kante.

Band, 1 cm breit - Zuschneiden: 1 Band von 20 cm Länge; 1 Band von 6 cm Länge.

Band, 2 cm breit - Zuschneiden: 4 Bänder von 4 cm Länge.

Karton - Zeichnen und zuschneiden: 1 Teil 6 cm x 36 cm (Boden); 2 Teile 36 cm x 24,5 cm (Vorder- und Rückseite).

c'est une

une

Tasche

1 Nehmen Sie die gestreiften Teile für die Außentasche. Legen Sie einen Streifen rechts auf rechts auf das Teil für Vorder- und Rückseite, sodass die Markierungen aufeinandertreffen. Stecken Sie die beiden Kanten beiderseits der Markierungen aneinander. Den zweiten Streifen an die andere lange Kante stecken.

Heften und 1 cm von den Kanten absteppen. Schneiden Sie die Nahtzugaben an den unteren Ecken schräg ab. Die Oberkante links auf links 1 cm umklappen und bügeln.

2 Die roten Teile wie in Schritt 1 beschrieben zusammenstecken. Das längere schmale Band durch die Öse des Karabinerhakens ziehen, zur Schlaufe legen und ihre Enden 6 cm unter der Oberkante in das Futter, in die Naht zwischen Vorder- bzw. Rückseite und Seite schieben.

Heften und 1 cm von den Kanten absteppen. Die Oberkante links auf links 1 cm umklappen und bügeln.

3 Wenden Sie die Außentasche auf rechts. Legen Sie den Boden aus Karton hinein und anschließend, links auf links, das Futter, sodass Nähte und Oberkanten aufeinandertreffen. Schieben Sie die großen Kartonteile so dazwischen, dass ihre Oberkanten unter der Bruchkante der Außentasche stecken.

4 Die 2 cm langen Bänder durch die Ringe der Henkel ziehen und zur Schlaufe legen. Ihre Enden 1 cm tief zwischen die Kartons und das Futter schieben, in 8 cm Abstand von den Seitennähten. Die Oberkanten rundum aneinanderstecken und heften. Mit dem Reißverschlussfuß die Kanten an Vorder- und Rückseite 2 mm vom Rand absteppen, direkt oberhalb des Kartons. Die Kanten der Seiten mit kleinen, unsichtbaren Stichen von Hand schließen.

Zire

Abnehmbare Tasche

1 Klappen Sie bei den Teilen für die kleine Tasche eine kurze Kante links auf links erst 1 cm, dann 3 cm um. Feststecken, heften und 2 mm vom inneren Bruch absteppen. Klappen Sie die andere kurze Kante links auf links 1 cm um, dann rechts auf rechts 6 cm; bügeln. Die Seiten des umgeklappten Teils feststecken, heften und 1 cm von den Kanten absteppen. Schneiden Sie die Nahtzugaben an den Ecken schräg ab. Wenden Sie die so entstandene Klappe auf rechts.

2 Die Seiten in Verlängerung der Nähte links auf links 1 cm umklappen und bügeln. Die 6 cm breite Klappe 2 mm vom inneren Bruch durchsteppen. Den freien Stoff links auf links 11 cm umklappen, das heißt, bis wenige Millimeter vor die Klappe. Schieben Sie zwischen die Lagen der so entstandenen Tasche auf einer Seite die Enden des verbleibenden Bandes, das Sie zuvor durch den Ring zu einer Schlaufe gelegt haben.

Die Seiten feststecken, heften und 2 mm von den Kanten absteppen. An den Enden eine dreieckige Verstärkungsnaht nähen (siehe Fig. 23, Seite 17).

3 Nähen Sie den magnetischen Druckknopf mittig auf die Breite der Tasche: die eine Hälfte auf die innere Seite des Umschlags, die andere gegenüber auf die äußere Seite der Tasche.

Tipp!

Wenn Sie die Oberkante der Tasche absteppen, verwenden Sie als Oberfaden ein zum Streifenstoff passendes Garn, als Unterfaden rotes Garn. Legen Sie beim Nähen den gestreiften Stoff nach oben.

Vorbereitung

Vergrößern Sie die Vorlage von Seite 148 auf 118 %. *Auf derselben Seite ist dargestellt, wie die Teile zugeschnitten werden.*

Matratzenstoff - Zeichnen und zuschneiden: 2 Teile 36 cm x 25 cm (Seitenteile); 1 Boden mit 1 cm Nahtzugabe rundum; 2 Teile 5 cm x 44 cm (Henkel).

Samt - Zeichnen und zuschneiden: 2 Teile 36 cm x 25 cm (Seitenteile); 1 Boden mit 1 cm Nahtzugabe rundum.

Versäubern Sie die Kanten aller Teile. Legen Sie beim Bodenteil fest, welche Seite von außen sichtbar sein soll. Übertragen Sie auf die Innenseite der beiden Bodenteile die zentralen Markierungen (schwarze Dreiecke).

Kautschuk - Zeichnen und ausschneiden: 1 Boden.

PVC-Schlauch - In zwei gleich lange Stücke schneiden.

1 Nehmen Sie die Teile aus Matratzenstoff, um daraus die Außentasche zu fertigen. Legen Sie das eine Seitenteil mit der rechten Seite auf die linke Seite des anderen Seitenteils. Die kurzen Kanten feststecken, heften und 1 cm vom Rand absteppen. Die Nahtzugaben auseinanderbügeln und anheften. Nähen Sie 5 mm beiderseits jeder Naht eine Steppnaht durch alle Lagen.

Theater oder Oper?

Maße der Tasche: Breite 27 cm x Tiefe 6 cm x Höhe 23 cm (ohne Henkel)

Ausrüstung

Nähzubehör (siehe Seite 7), Selbstlöschender Filzstift, Kugelschreiber, Haushaltsschere, Schneidematte, Lineal, Cutter.

Material

- Matratzenstoff mit Blumenmuster in Beige/Naturweiß, wendbar: 86 cm x 35 cm
- Kurzfloriger Samt, rot: 86 cm x 27 cm
- Kautschukplatte als Unterlage: 27 cm x 12 cm
- PVC-Schlauch, ø 1 cm (erhältlich in Aquarienhandlungen): 80 cm
- Rote Kordel, ø 5 mm : 30 cm
- Nähgarn: naturweiß, rot

Vergrößern Sie die Vorlage mithilfe eines Fotokopierers.

2 Stecken Sie die Seitenteile rechts auf rechts rund um den Boden, sodass die Seitennähte auf die zentralen Markierungen treffen. Heften und 1 cm vom Rand absteppen. Schneiden Sie die Nahtzugaben an den Kurven ein.

3 Wiederholen Sie Schritte 1 und 2, um das Futter aus den Samtteilen zu fertigen. Arbeiten Sie ausschließlich rechts auf rechts. Bei der Außentasche und dem Futter die Oberkante links auf links 1 cm umklappen und bügeln.

4 Bei jedem Henkel eine lange Kante links auf links 1 cm umklappen und bügeln. Legen Sie ein Stück Schlauch mittig auf jeden Henkel. Klappen Sie die langen Kanten so darüber, dass die Seite mit der Bruchkante oben liegt. Feststecken und anschließend mit Saumstich zunähen (siehe Fig. 16, Seite 16).

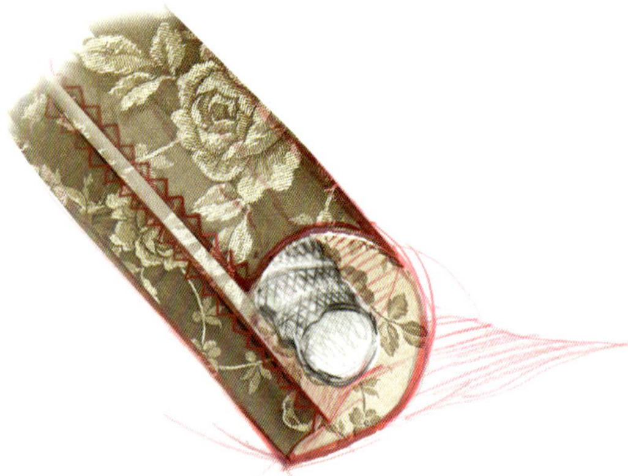

5 Verknoten Sie die Enden der Kordel etwa 3 cm über dem Kordelende zweimal. Fransen Sie die Fasern unterhalb des Knotens aus und schneiden Sie sie auf gleiche Höhe zu.

6 Wenden Sie die Außentasche auf rechts. Nähen Sie die Henkel mit kleinen, unsichtbaren Stichen 7,5 cm von den Seitennähten an, sodass das Schlauchende an die Oberkante stößt und das 2 cm lange Endstück innen an der Tasche liegt. Den Kautschukboden in die Außentasche legen. Links auf links das Futter hineinstecken, sodass Nähte und Oberkanten aufeinandertreffen. Die Kordel in der Mitte falten und mit der Schlaufe 1 cm tief an das Ende eines Henkels stecken. Die Oberkanten aneinanderstecken, heften und 2 mm von der Kante mit kleinen Stichen zunähen.

Tipp!

Um die runde Form der Tasche stärker herauszuarbeiten, können Sie mit Sprühkleber eine Lage Mollton zwischen die Außentasche und das Futter kleben.

7 An beiden Außenseiten 2 cm unter der Oberkante mit doppeltem rotem Faden im Vorstich durch alle Stofflagen eine 12 cm lange Naht einziehen (siehe Fig. 13, Seite 16). Den Faden anziehen, um die Seiten zu kräuseln, und anschließend sicher auf der Innenseite vernähen.

Ausrüstung

Nähzubehör (siehe Seite 7), Selbstlöschender Filzstift, Kugelschreiber, Haushaltsschere, Reißverschlussfuß für die Nähmaschine.

Material

- Wollstoff in Korallenrot: 72 cm x 93 cm
- Dunkelbraunes Leder: 2 cm x 6 cm
- Flacher Henkel aus braunem Leder, an beiden Enden mit einem Ring versehen, ø 3 cm
- Korallenroter Reißverschluss, 25 cm lang
- Ring ø 2 cm
- Karabinerhaken
- Nähgarn: korallenrot
- Neoprenkleber

Rote Koralle

Maße der Tasche: Breite 34 cm x Höhe 38 cm (ohne Henkel)

Vorbereitung

Vergrößern Sie die Vorlage für das Seitenteil von Seite 149 auf 166 %. Stecken Sie sie auf den in der Mitte gefalteten Stoff (siehe Fig. 8, Seite 14).

Auf derselben Seite ist dargestellt, wie die Teile zugeschnitten werden.

Wollstoff - Zeichnen und zuschneiden:

4 Seitenteile; 2 Teile 9 cm x 8 cm (Laschen für die Henkel); 1 Teil 21 cm x 16 cm (Innentasche).

Versäubern Sie die Kanten aller Teile.

Übertragen Sie auf die Rückseite der Seitenteile die Markierungen der Vorlage für die Position des Reißverschlusses (schwarze Dreiecke).

Leder - Zeichnen und zuschneiden:

2 Teile 1 cm x 6 cm.

1 Legen Sie zwei Seitenteile rechts auf rechts aufeinander. Feststecken, heften und 1 cm von der Kante absteppen. Die obere Kante offen lassen.

2 Stecken Sie den Reißverschluss rechts auf rechts an die Oberkanten des in Schritt 1 genähten Teils, zwischen die Markierungen (siehe Fig. 6, Seite 12); lassen Sie den Reißverschluss offen, damit Sie die Tasche anschließend wenden können. Heften und mit dem Reißverschlussfuß 1 cm von den Stoffkanten absteppen.

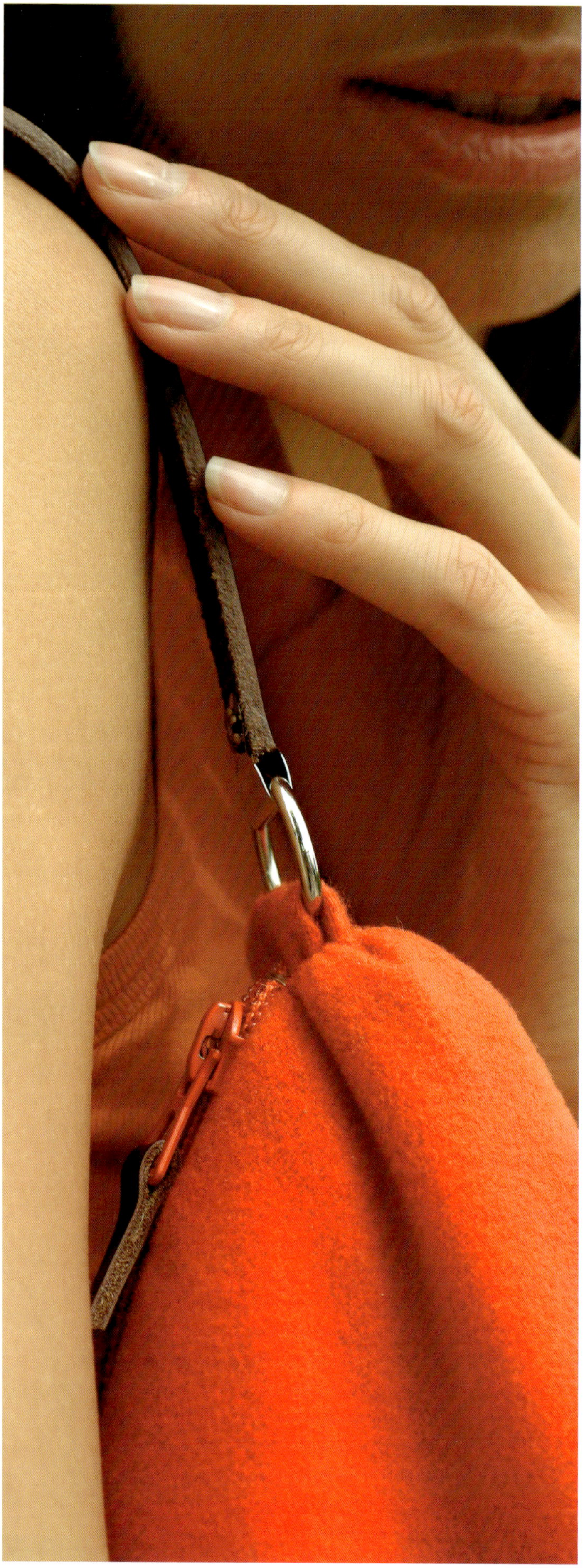

3 Die beiden Laschen rechts auf rechts in der Mitte falten, sodass die kurzen Seiten aufeinanderliegen. Die lange offene Seite feststecken, heften und 1 cm von der Kante absteppen. Die Nahtzugaben auseinanderbügeln. Wenden Sie die Laschen auf rechts und drehen Sie die Nähte auf die Mitte einer Seite.

4 Ziehen Sie die Laschen durch die Ringe des Henkels und legen Sie sie zur Schlaufe. Die Enden aufeinanderstecken, heften und 2 mm von der Kante absteppen.

5 Wenden Sie die Taschenteile mit Reißverschluss auf rechts. Schieben Sie die Laschen beiderseits des Reißverschlusses an die Innenseite der Tasche. Durch alle Stofflagen so auf die Seitennähte stecken, dass sie an der Oberkante 1,5 cm überstehen.

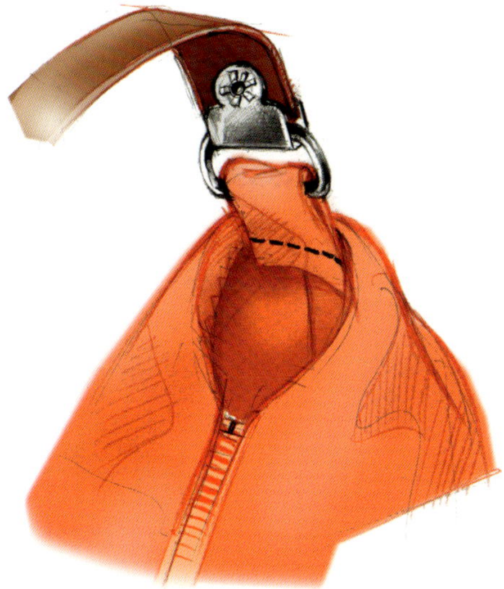

Mit doppeltem Faden im Vorstich annähen (siehe Fig. 13, Seite 16), von der einen Seite am Ende des Reißverschlusses und bis zur anderen. Den Stoff kräuseln. Im Saumstich (siehe Fig. 16, Seite 16) die Laschen an die Kanten der Öffnung nähen, sodass die Tasche vollständig geschlossen ist.

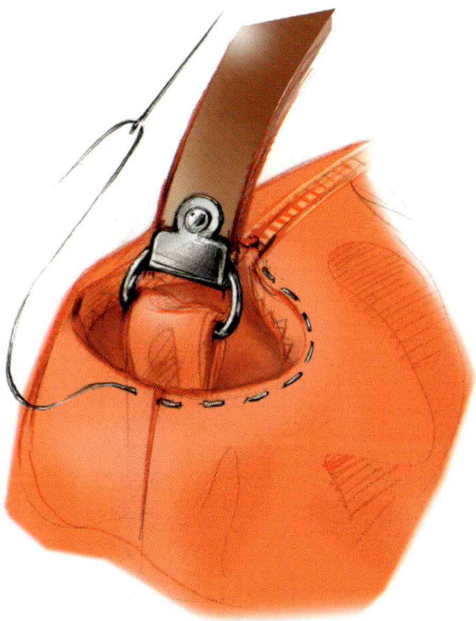

6 Wiederholen Sie Schritt 1, um das Futter aus den verbleibenden Seitenteilen anzufertigen.

7 Die Kanten der Innentasche rundum links auf links 1 cm umklappen und bügeln. Die Oberkante (21 cm) 2 mm vom Rand absteppen. Die Tasche auf ein Seitenteil des Futters stecken (die linke Seite der Tasche liegt auf der rechten des Futters), in der Mitte der Breite und 10 cm über dem Boden. Ziehen Sie ein Lederband durch den Ring, legen Sie es links auf links zur Schlaufe und führen Sie seine Enden unter eine Seite der Tasche, 5 cm unterhalb der Oberkante. Die Unterkante und die Seiten der Tasche heften und erst 2 mm, dann erneut 1 cm von den Rändern absteppen. Den Karabinerhaken an den Ring hängen.

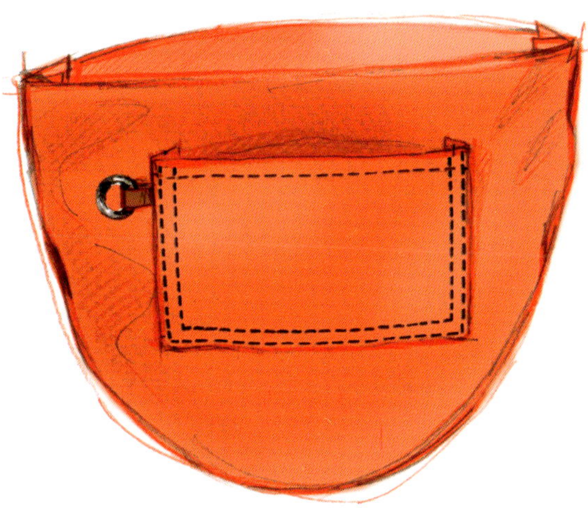

8 Die Oberkante des Futters links auf links 1 cm umklappen und bügeln. Stecken Sie das Futter links auf links in die Außentasche mit dem Reißverschluss, sodass die Nähte aufeinandertreffen. Die Bruchkante auf die linke Seite des Reißverschlusses stecken. Wie unter Schritt 5 beschrieben, die Außenseiten der Oberkante kräuseln, damit ihre Länge mit der der Außentasche übereinstimmt, dann im Saumstich fixieren.

9 Ziehen Sie das verbleibende Lederband durch den Griff des Reißverschlusses und legen Sie es zur Schlaufe. Die Enden innen mit Kleber bestreichen, 20 Minuten trocknen lassen, dann fest aufeinanderpressen.

Filztasche mit Beutel

Maße der Tasche: Durchmesser 25,5 cm x Höhe 52 cm
Maße der abnehmbaren Tasche: Breite 18 cm x Höhe 13 cm

Ausrüstung

Nähzubehör (siehe Seite 7), Selbstlöschender Filzstift, Zirkel, Haushaltsschere, Schneidematte, Cutter, Lineal, Nähnadel für Leder und Fingerhut, Sicherheitsnadel, Werkzeug zum Einnieten der Druckknöpfe.

Material

- Technischer Filz, grau meliert, 4-5 mm dick: 80 cm x 58 cm
- Baumwollstoff, rosa: 82 cm x 42 cm
- Kordel, rosa: ø 3 mm: 90 cm
- 2 Druckknöpfe zum Einnieten, ø ungefähr 1,3 cm
- Karabinerhaken
- Nähgarn: rosa
- Perlgarn: rosa
- Neoprenkleber

Vergrößern Sie die Vorlage mithilfe eines Fotokopierers.

Vorbereitung

Fotokopieren Sie die beiden Vorlagen von Seiten 150 und 151. Vergrößern Sie die Vorlage für das Seitenteil auf 228 % und die Vorlage für den Boden auf 200 %. Wenden Sie die Vorlage für das Seitenteil an der gestrichelten Linien spiegelverkehrt. *Auf Seite 150 ist dargestellt, wie die Teile zugeschnitten werden.*

Filz - Zeichnen und zuschneiden: 1 Seitenteil; 1 Boden; 4 Herzen.

Baumwollstoff - Zeichnen und zuschneiden:
1 Teil 82 cm x 18 cm (Innenverkleidung);
1 Teil 20 cm x 45 cm (abnehmbare Tasche);
1 Teil 4 cm x 40 cm (Band für Karabinerhaken).
Versäubern Sie die Kanten aller Teile.

Kordel - Zuschneiden: 1 Kordel, 82 cm lang (Tasche); 1 Kordel, 8 cm lang (Tasche).

Abnehmbare Tasche

1 Klappen Sie bei der kleinen Tasche eine kurze Seite links auf links erst 5 mm, dann 3 cm um. Feststecken, heften und 2 mm vom Bruch innen absteppen. Die andere kurze Seite zweimal links auf links 1 cm umklappen und bügeln. Die abgesteppte Kante rechts auf rechts 13 cm umklappen und feststecken.

>>>

Zwischen Vorder- und Rückseite der entstandenen Stofftasche die kurze, auf die Hälfte gefaltete Kordel legen, sodass ihre Enden auf den Stoffkanten liegen. Die gebügelte Bruchkante rechts auf rechts 8 cm umklappen und auf die erste Kante stecken. Die Seiten feststecken, heften und 1 cm von den Kanten absteppen. Die Nahtzugaben an den vier Ecken schräg abschneiden.

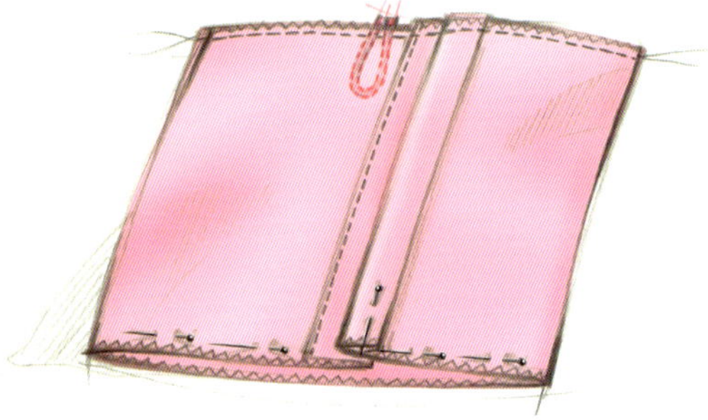

2 Die Klappe rundum 5 mm von den Kanten durchsteppen. Die Tasche auf rechts wenden. Bringen Sie die Druckknöpfe an: die Hälften mit der Vertiefung auf der Innenseite der Klappe, 3 cm von den Seiten und 2 cm vom Rand entfernt; die Hälften mit der Kugel auf der Außenseite der Tasche (siehe Seite 11).

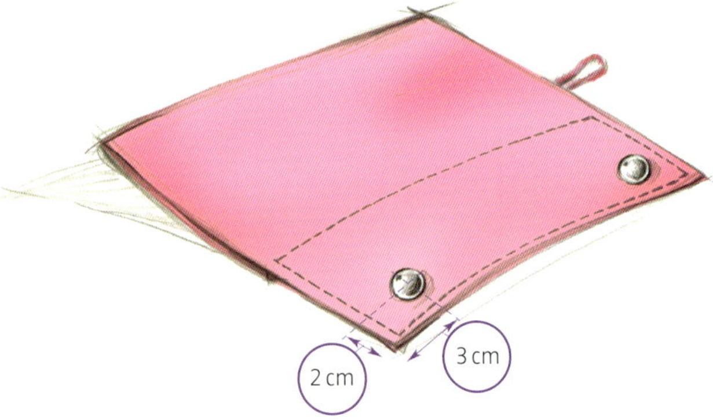

Hinweis

Die angegebene Position der Druckknöpfe ist jeweils exakt bis zu ihrem Mittelpunkt gemessen.

Tasche

1 Die Enden der Henkel Kante an Kante aneinanderstecken, dann mit Perlgarn mit 1 cm großen Kreuzstichen zusammennähen (siehe Fig. 17, Seite 16).

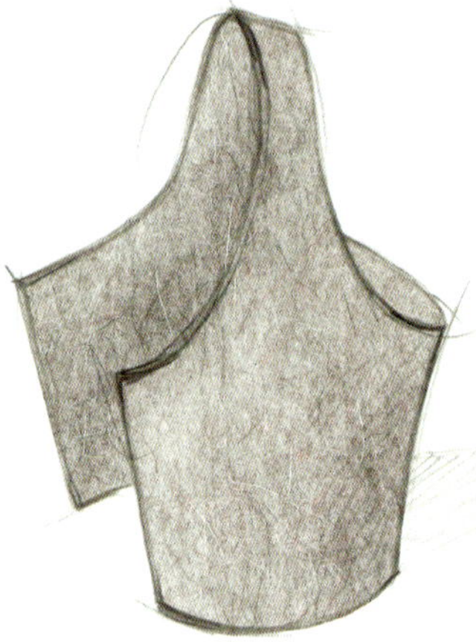

Die Seiten der Tasche aneinanderstecken und ebenso zusammennähen. Die beiden Kanten der Henkel 5 mm vom Rand mit Perlgarn im Vorstich verzieren (siehe Fig. 13, Seite 16).

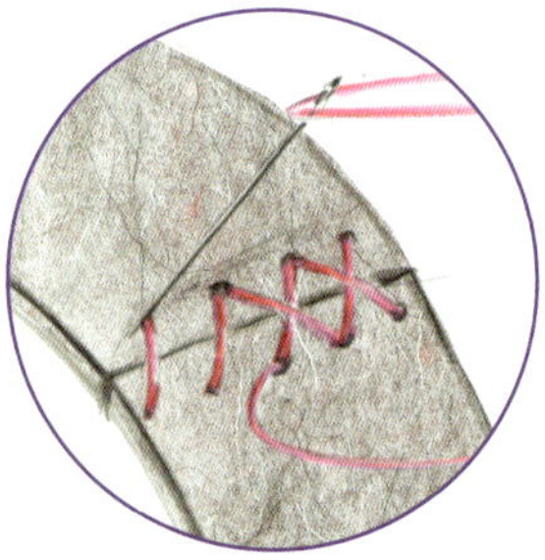

2 Das Taschenteil links auf links an den Boden stecken. Im Vorstich 5 mm vom Rand mit Perlgarn zusammennähen.

ZOOM NIKKOR

3 Falten Sie den Einsatz rechts auf rechts in der Mitte, indem Sie die kurzen Seiten aufeinanderlegen. Die kurze offene Kante 1 cm vom Rand bis 5 cm vor die Oberkante absteppen. Die Nahtzugaben auseinanderbügeln und den Bruch rechts und links vom Schlitz verlängern. Die Nahtzugaben 5 mm umklappen. Feststecken, heften und 1 mm rechts und links von der Naht durch alle Lagen nähen (siehe Fig. 21, Seite 17).

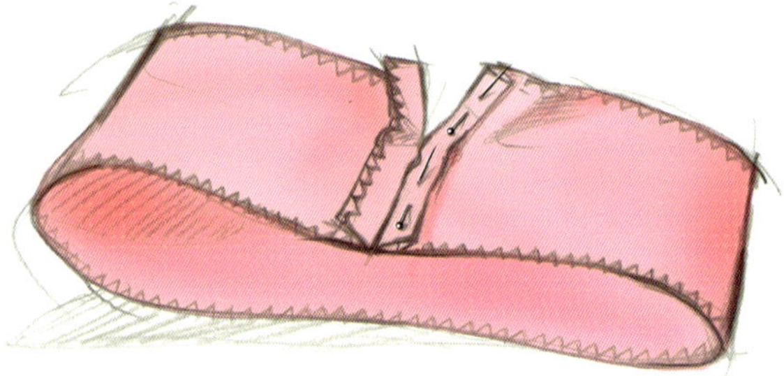

4 Für den Tunnel die Oberkante des Einsatzes links auf links erst 1 cm, dann 2 cm umklappen. Feststecken, heften und 2 mm vom Bruch innen absteppen. Den Einsatz auf rechts wenden.

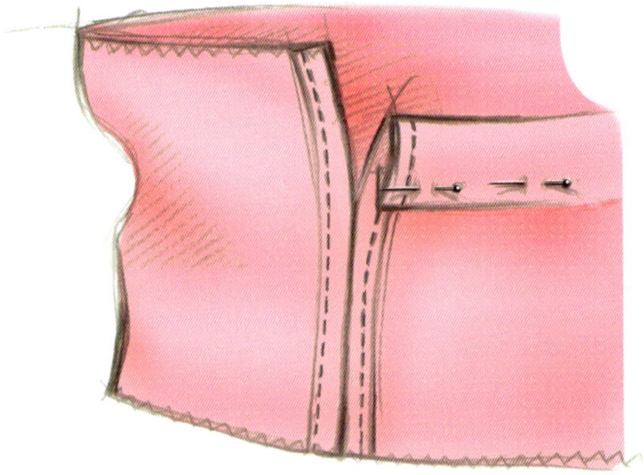

5 Den Einsatz innen an die Tasche stecken (die rechte Seite des Stoffes liegt auf der linken des Filzes), 1 cm unter der Oberkante. Der Schlitz liegt auf der Kreuzstichnaht. Die Unterkante des Einsatzes im Steppstich von Hand annähen; erfassen Sie dabei mit der Nadel nur die Filzfasern an der Oberfläche, damit die Naht auf der Außenseite der Tasche nicht sichtbar ist.

6 Die lange Kordel mithilfe der Sicherheitsnadel durch den Tunnel am Einsatz ziehen. Eine Seite der Herzen mit Kleber bestreichen, 1 Stunde antrocknen lassen, erneut mit Kleber bestreichen und 20 Minuten antrocknen lassen. Je zwei Herzen aufeinanderkleben und die beiden Kordelenden dazwischen einfassen. Unter einem schweren Gegenstand trocknen lassen.

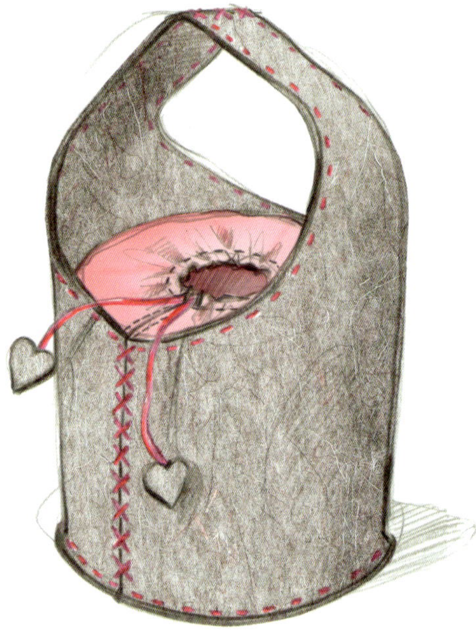

7 Das Band für den Karabinerhaken rundum links auf links 1 cm umklappen und bügeln. Anschließend links auf links in der Mitte falten, sodass die langen Kanten aufeinanderliegen. Die drei offenen Kanten feststecken, heften und 2 mm vom Rand absteppen.

8 Ein Ende des Bandes durch die Öse des Karabinerhakens stecken. 3 cm umklappen, feststecken, heften und 2 mm vom Rand absteppen. Nähen Sie das andere Ende von Hand mit kleinen, festen Stichen innen an die Tasche, an die Unterkante des Einsatzes. Befestigen Sie die abnehmbare Tasche mit dem Ring am Karabinerhaken.

Ausrüstung

Nähzubehör (siehe Seite 7)
Kreidestift für Textilien,
Seidenpapier,
Haushaltsschere,
Reißverschlussfuß für die Nähmaschine,
Werkzeug zum Einnieten der Druckknöpfe.

Material

- Schwarzer Baumwoll-Twill: 84 cm x 60 cm
- Schwarzer Chintz (für das Futter): 84 cm x 60 cm
- Mollton für Topflappen: 80 cm x 58 cm
- Schwarzer Reißverschluss, 15 cm lang
- Schwarze Kordel, ø 5 mm: 24 cm; flacher schwarzer Schnürsenkel, 3 mm breit: 35 cm
- 7 Ringe: 4 ø 2,5 cm; 3 ø 1,5 cm
- 2 Druckknöpfe zum Einnieten, ø ungefähr 1,3 cm
- Karabinerhaken
- Schwarzes Nähgarn
- Sprühkleber für Textilien

Vergrößern Sie die Vorlage mithilfe eines Fotokopierers.

Die Kleine Schwarze

Maße der Tasche: Breite 28 cm x Tiefe 11,5 cm x Höhe 23 cm (ohne Henkel)
Maße der abnehmbaren Tasche: Breite 15 cm x Höhe 22 cm
Maße des Handy-Etuis: Breite 6,5 cm x Tiefe 2 cm x Höhe 12 cm

Vorbereitung

Vergrößern Sie die Vorlage des Bodens von Seite 152 auf 133 %. *Auf derselben Seite ist dargestellt, wie die Teile zugeschnitten werden.*
Baumwollstoff - Zeichnen und zuschneiden:
Für die Tasche: 2 Teile 35 cm x 25 cm (Seitenteile); 1 Boden, rundum 1 cm Nahtzugabe hinzufügen; 2 Teile 3,5 cm x 4,5 cm (Verschlusslaschen); 2 Teile 7 cm x 60 cm (Henkel).
Für die abnehmbare Tasche:
2 Teile 17 cm x 24 cm.
Für das Etui: 1 Teil 8,5 cm x 32 cm (Korpus);
2 Teile 4 cm x 11,5 cm (Seiten).
Chintz - Zeichnen und zuschneiden:
Für die Tasche:
2 Teile 35 cm x 25 cm (Seitenteile); 1 Boden, rundum 1 cm Nahtzugabe hinzufügen;
2 Teile 3,5 cm x 4,5 cm (Verschlusslaschen);
2 Teile 7 cm x 60 cm (Henkel); 1 Teil 3 cm x 9 cm (Befestigungslasche für den Ring)
Für die abnehmbare Tasche:
1 Teil 17 cm x 24 cm (Tasche); 1 Teil 3 cm x 5 m (Befestigungslasche für den Karabinerhaken).
Für das Etui: 1 Teil 8,5 cm x 32 cm (Korpus);
2 Teile 4 cm x 11,5 cm (Seiten).
Versäubern Sie bei allen Teilen die Kanten.
Mollton - Zeichnen und zuschneiden:
Für die Tasche: 2 Teile 35 cm x 25 cm (Seitenteile); 1 Boden; 2 Teile 5 cm x 58 cm (Henkel).
Für die abnehmbare Tasche:
1 Teil 17 cm x 24 cm (Tasche);
Für das Etui: 1 Teil 8,5 cm x 32 cm (Korpus).
Kordel - In vier jeweils 6 cm lange Stücke schneiden.

Tasche

1 Besprühen Sie die Teile aus Mollton, mit Ausnahme derjenigen für die Henkel, mit Kleber. Legen Sie die entsprechenden Teile aus Baumwolle mit der rechten Seite nach außen darauf. Mit der Hand fest darüberstreichen. Markieren Sie bei jedem Teil die Mitte der Seite und heften Sie sternförmig: Verbinden Sie einander diagonal gegenüberliegende Ecken, die Mitten der kurzen Seiten und die der langen.

2 Zeichnen Sie mit dem Kreidestift auf jedes Teil parallel zu einer der Diagonalen Linien im Abstand von 3 cm auf, und heften Sie sie ab. Wiederholen Sie diese Schritte parallel zur anderen Diagonalen.

3 Legen Sie die beiden gepolsterten Seitenteile Baumwolle an Baumwolle aufeinander. Die kurzen Seiten feststecken, heften und 1 cm von den Kanten absteppen. Bügeln Sie die Nahtzugaben auseinander.

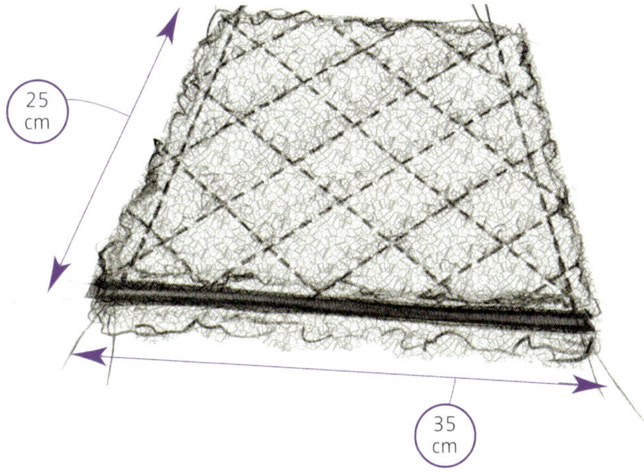

4 Markieren Sie auf der linke Seite des gepolsterten Bodens die Mitte der kurzen Seiten (auf der Vorlage durch ein schwarzes Dreieck angezeigt). Die gepolsterten Seitenteile rechts auf rechts an den Boden stecken, sodass die Seitennähte und die Markierungen aufeinandertreffen. Heften und 1 cm vom Rand absteppen.

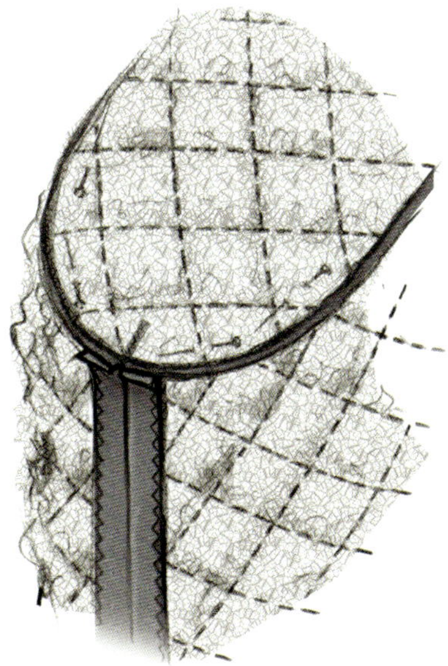

Die Nahtzugaben an den Kurven einschneiden und rundum auseinanderbügeln. Klappen Sie die Oberkante links auf links 1 cm um, dann bügeln.

5 Die langen Seiten einer Befestigungslasche (aus Chintz) links auf links 5 mm umklappen und bügeln. Die Lasche links auf links in der Mitte falten, sodass die langen Seiten aufeinanderliegen. Die lange offene Kante feststecken, heften und 2 mm vom Rand absteppen. Stecken Sie die Lasche durch einen 1,5 cm großen Ring und legen Sie sie zur Schlaufe. Die Seiten heften und 2 mm von den Kanten durch alle Lagen absteppen, dabei 1 cm vor dem Falz kehrtmachen.

6 Platzieren Sie die Befestigungslasche rechts auf ein Seitenteil aus Chintz: Stecken Sie sie an eine kurze Seite, 8 cm unterhalb der Oberkante, sodass seine Ende an der Stoffkante liegen. Legen Sie das andere Seitenteil aus Chintz rechts auf rechts darauf. Verfahren Sie wie in Schritten 3 und 4 beschrieben, um die kurzen Seiten und den Boden zusammenzunähen.

7 Die Befestigungslaschen aus Baumwolle rechts auf rechts auf die enstprechenden Teile aus Chintz stecken. Die langen Seiten und eine kurze heften und 5 mm von den Kanten absteppen. Die Nahtzugaben an den Ecken schräg abschneiden. Die Laschen auf rechts wenden und bügeln. Auf jede Lasche eine Hälfte eines Druckknopfes nieten, in die Mitte der Breite und in 1,5 cm Abstand zur kurzen abgesteppten Seite (siehe Seite 11).

8 Ziehen Sie die Kordeln durch die 2,5 cm großen Ringe, legen Sie sie zur Schlaufe und nähen Sie ihre Enden mit einigen kleinen Stichen zusammen.

9 Stecken Sie das Futter aus Chintz in die gepolsterten Teile, die linke Seite des Chintz auf den Mollton, sodass die Nähte und die Oberkanten aufeinandertreffen. Stecken Sie die mit den Ringen versehenen Kordeln 1 cm tief dazwischen, in 7,5 cm Abstand zu den Seitennähten. Schieben Sie ebenfalls auf der Mitte jeder Seite eine Verschlusslasche ein. Die Oberkanten durch alle Lagen aneinanderstecken und heften. Die Tasche rundum 2 mm vom Rand absteppen.

10 Stecken Sie jeden Henkel aus Baumwolle rechts auf rechts auf das entsprechende Teil aus Chintz. Rundum feststecken, heften und 1 cm von den Kanten absteppen, dabei an einer langen Seite einen 20 cm langen Schlitz offen lassen. Die Nahtzugaben an den Ecken schräg abschneiden. Die Nahtzugaben am Schlitz in Verlängerung der Nähte auseinanderbügeln. Wenden Sie die Henkel auf rechts. Stecken Sie mithilfe eines Stifts in jeden Henkel das dafür vorgesehene Stück Mollton. Die Öffnung mit Saumstich zunähen (siehe Fig. 16, Seite 16). Knoten Sie die Enden der Henkel an die an der Oberkante der Tasche befestigten Ringe.

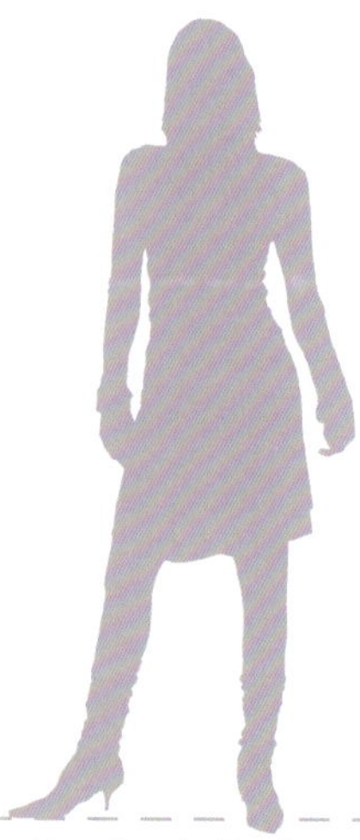

Abnehmbare Tasche

1 Legen Sie das gepolsterte Baumwollteil und das entsprechende Teil aus Chintz rechts auf rechts. Die beiden langen Seiten und eine kurze feststecken, heften und 1 cm von den Kanten absteppen. Die Nahtzugaben an den unteren Ecken schräg abschneiden, die Arbeit auf rechts wenden.

2 An der offenen Kante den gepolsterten Stoff und den Chintz einzeln links auf links 1 cm umklappen. Bügeln und aufeinanderheften. Auf eine Seite des Reißverschlusses, direkt an die Krampen heften (siehe Fig. 7, Seite 12). Heften und mit dem entsprechenden Nähmaschinenfuß 3 mm vom Rand über die gesamte Länge des Stoffs absteppen.

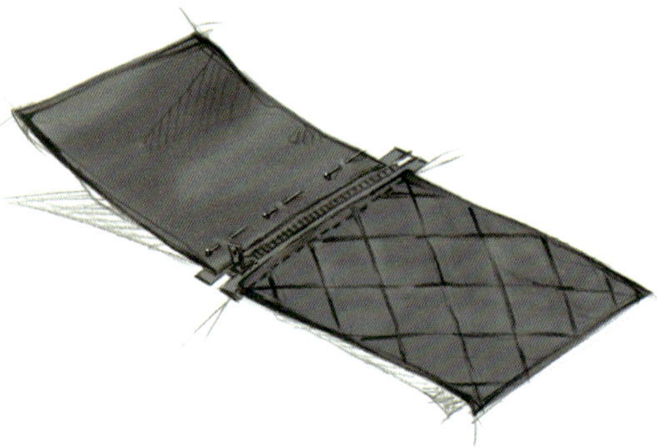

Das verbliebene Baumwollteil rundum links auf links 1 cm umklappen. Auf die andere Seite auf die rechte Stoffseite des Reißverschlusses stecken, direkt an die Krampen. Heften und mit dem entsprechenden Nähmaschinenfuß 3 mm vom Umschlag absteppen.

3 Gehen Sie vor wie in Schritt 5 zum Nähen der Tasche beschrieben, um eine Befestigungslasche anzufertigen. Nähen Sie sie um die Öse des Karabinerhakens zur Schlaufe.

4 Legen Sie die beiden Teile mit dem Reißverschluss links auf links. Stecken Sie auf einer Seite 4 cm unterhalb der Oberkante zwischen die beiden Lagen die Enden der im vorhergehenden Schritt angefertigten Lasche.

Stecken Sie die Enden des Reißverschlusses ins Innere der Tasche. Die Seiten und die Unterkante feststecken, heften und 2 mm von den Kanten absteppen. Haken Sie einen Ring von 1,5 cm Durchmesser in den Griff des Reißverschlusses.

Handy-Etui

1 Legen Sie den Korpus des gepolsterten Etuis und das entsprechende Teil aus Chintz rechts auf rechts aufeinander. Die langen Seiten und eine kurze feststecken, heften und 1 cm von den Kanten absteppen. Die Nahtzugaben an den unteren Ecken schräg abschneiden.

2 Wenden Sie die Arbeit auf rechts. An der offenen Kante die gepolsterte Baumwolle und den Chintz einzeln links auf links 1 cm umklappen. Aneinanderstecken, heften und 2 cm von der Kante absteppen.

3 Bei den Seitenteilen aus Baumwolle und aus Chintz alle vier Kanten links auf links 1 cm umklappen und bügeln. Jedes Baumwollteil links auf links auf ein Chintzteil legen. Rundum feststecken, heften und 2 mm von den Kanten absteppen.

4 Auf der Seite aus Baumwolle über die langen Seiten des Korpus des Etuis im Abstand von 11,5 cm zur in Schritt 2 abgesteppten Kante eine Markierung zeichnen. Auch die Mitte der kurzen Kanten jedes Seitenteils markieren. Legen Sie die Seiten Chintz auf Chintz auf die langen Kanten des Korpus, sodass die Markierungen aufeinandertreffen. Beiderseits davon feststecken. Den Schnürsenkel auf die Hälfte falten, die Schlaufe durch einen 1,5 cm großen Ring führen und die Enden von der anderen Seite durch die Schlaufe stecken. Letztere auf der hinteren Seite des Etuis zwischen Korpus und Seitenteil stecken, 2 cm unter der Oberkante. Heften und mit Saumstich zusammennähen (siehe Fig. 16, Seite 16).

5 Nieten Sie die Druckknopfhälfte mit Kugel auf die Außenseite der Klappe, mittig in der Breite und 2 cm vom Rand. Die andere Hälfte nieten Sie gegenüber außen auf das Etui, mittig in der Breite und 1 cm vom Rand.

Tipps!

Die Linien für die Polsterung werden gleichmäßig, wenn Sie ein flaches Lineal als Schablone verwenden.

Um die Laschen und die Henkel auf rechts zu wenden, stecken Sie eine Sicherheitsnadel an einem Streifenende in eine Stofflage, schieben sie in das Stück hinein und durch den Stoff hindurch, bis sie am anderen Ende wieder austritt.

Mollton lässt sich vom Transporteur der Nähmaschine nur schwer befördern, weswegen die Gefahr groß ist, dass er Schaden nimmt. Legen Sie, um dies zu vermeiden, ein Blatt Seidenpapier unter die zu polsternden Teile, Kante an Kante mit dem Mollton. Steppen Sie die Nähte durch alle Lagen, und entfernen Sie danach das Seidenpapier, indem Sie es vorsichtig abreißen.

Vorbereitung

Sie finden die beiden erforderlichen Vorlagen auf den Seiten 153 und 154. Vergrößern Sie die Vorlage für das Seitenteil auf 215 % und fotokopieren Sie die Vorlage für das Etui auf 100 %.

Auf Seite 153 ist dargestellt, wie die Teile zugeschnitten werden.

Rutschfeste Matte - Zeichnen und zuschneiden: 1 Teil 33 cm x 66 cm (Außentasche); 1 Teil 3,5 cm x 84 cm (Schulterriemen); 2 Teile 4 cm x 4 cm (Halterung für die Magnete).

Filz - Zeichnen und zuschneiden: 2 Seitenteile; 2 Teile 3 cm x 6 cm (Laschen für den Riemen); 2 Teile 3,5 cm x 43 cm (Schulterriemen); 1 Korpus für das Etui; 2 Teile 6 cm x 16 cm (Klappe des Etuis).

1 Stecken Sie jede Lasche durch einen Ring einer Doppelöse. Zur Schlaufe legen, indem Sie die kurzen Seiten links auf links aufeinanderklappen. Befestigen Sie die Laschen rechts auf einem Seitenteil aus Filz: Stecken Sie eine auf jede lange Seite, 31 cm von der Unterkante (also von der 33 cm langen Kante), indem seine Enden auf der Kante des Filzes aufliegen. Legen Sie das andere Seitenteil aus Filz rechts auf rechts auf das Ganze. Die Unterkante und die Seiten feststecken, heften und 1 cm vom Rand absteppen. Eine zusätzliche Naht in Höhe der Laschen nähen, um sie stärker zu fixieren. Die Nahtzugaben an den unteren Ecken schräg abschneiden.

City Bag

Maße der Tasche: Breite 26 cm x Tiefe 5 cm x Höhe 33 cm (ohne Schulterriemen)
Maße des Handy-Etuis: Breite 4,5 cm x Tiefe 3 cm x Höhe 13 cm

Ausrüstung

Nähzubehör (siehe Seite 7), Seidenpapier, Kugelschreiber, Selbstlöschender Filzstift, Haushaltsschere.

Material

- Rutschfeste Matte in Gelb für Badezimmer: 36,5 cm x 84 cm
- Technischer Filz, violett, 2-3 mm dick: 88 cm x 50 cm
- 2 drehbare Doppelösen, ø ungefähr 2 cm (erhältlich in Bastelgeschäften)
- Druckknöpfe zum Annähen, ø 1,5 cm
- 1 Magnetverschluss zum Aufstecken, ø 1,5 cm
- Nähgarn: violett, gelb

Vergrößern Sie die Vorlage mithilfe eines Fotokopierers.

2 Knicken Sie die unteren Ecken ab, indem Sie die Seitennähte auf die Bodennaht legen, sodass ein Dreieck entsteht, dessen Grundlinie 4,5 cm misst. Die Grundlinie absteppen und das Dreieck unter den Boden klappen.

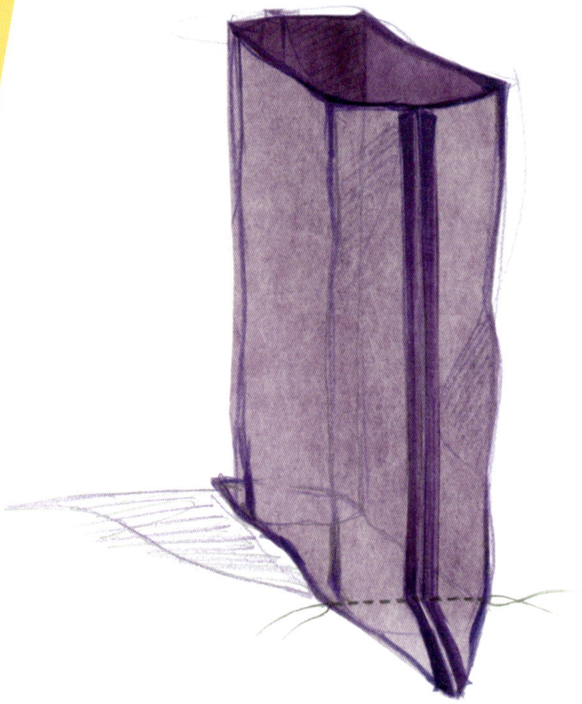

3 Falten Sie das Teil aus rutschfestem Material rechts auf rechts in der Mitte, sodass die kurzen Seiten aufeinanderliegen. Die Kanten feststecken und 1 cm vom Rand absteppen. Die unteren Ecken wie unter Schritt 2 beschrieben abknicken und annähen. Die so entstandene Außentasche auf rechts wenden.

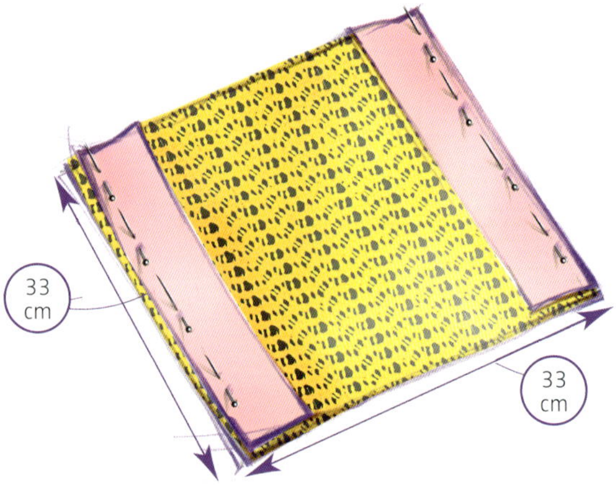

4 Die beiden Klappen des Etuis links auf links aufeinanderlegen. Rundum feststecken, heften und 2 mm vom Rand absteppen. Den Boden des Korpus schließen, indem Sie rechts auf rechts die Punkte A und A′ sowie B und B′ aufeinanderlegen. Feststecken, heften und 5 mm vom Rand absteppen, dabei die Naht 5 mm vor den Seiten enden lassen. Das Etui auf rechts wenden. Entlang Bruch 1 links auf links falten; feststecken, heften und 2 mm vom Bruch absteppen. Die Schritte an Bruch 2 wiederholen.

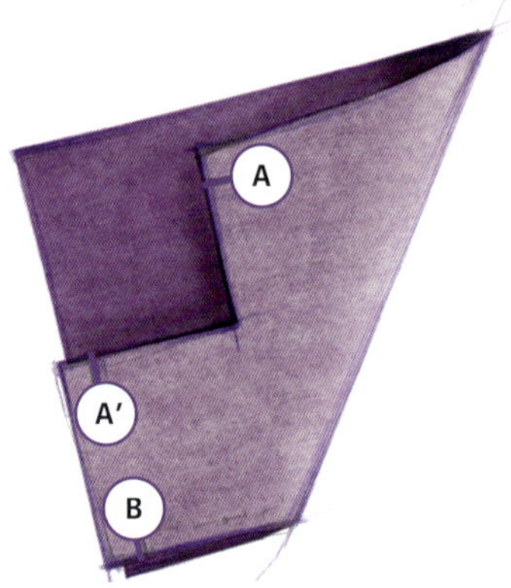

5 Die Klappe des Etuis rechts auf das rutschfeste Material stecken, mittig auf eine Seitennaht und 13,5 cm über dem Boden. Den Korpus des Etuis 6,5 cm über dem Boden aufstecken und anheften. Die Unterseite und die Seiten 5 mm von den Kanten ansteppen.

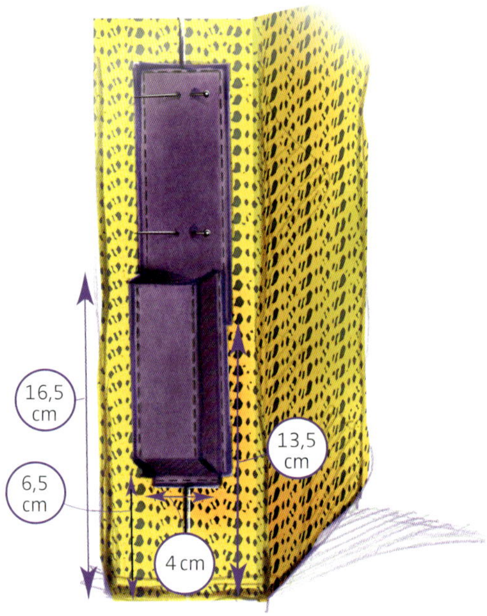

6 Die Hälfte des Druckknopfs mit Vertiefung mittig in der Breite und 2,5 cm von der Oberkante außen auf das Etui nähen. Die Hälfte mit der Kugel auf die Innenseite des Umschlags, 3 cm von der Unterkante entfernt aufnähen.

7 Auf die Innenseiten der Außentasche die Halterungen für die Magnete nähen: mittig in der Breite und bündig an der Oberkante. Mit Rückstich (Fig. 14, Seite 16) Unterkante und Seiten 1 cm vom Rand annähen. Die Magnete exakt in der Mitte auf den Halterungen befestigen.

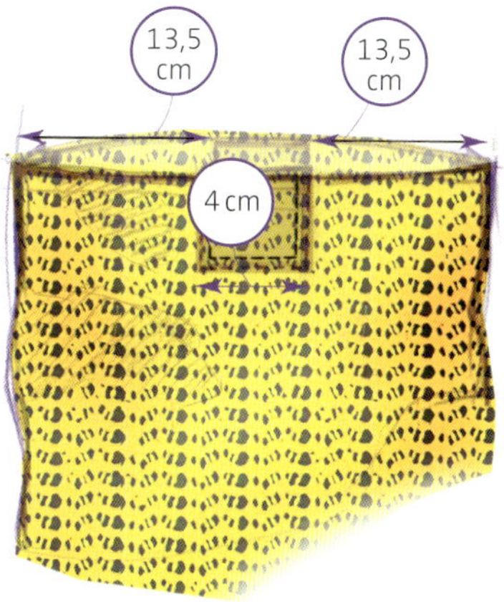

8 Stecken Sie das Futter aus Filz links auf links in die Außentasche aus rutschfestem Material, sodass die Nähte aufeinandertreffen. Feststecken und die Tasche rundum 1 cm von der Oberkante der Außentasche, direkt oberhalb der Magnethalterungen, absteppen. Den Filz zweimal 8 cm zum Revers umklappen.

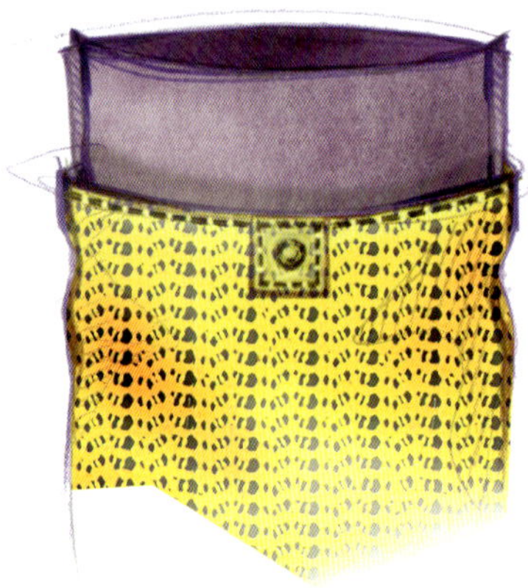

9 Legen Sie die beiden Schulterriemen aus Filz rechts auf rechts aufeinander. Eine kurze Seite feststecken, heften und 1 cm von der Kante absteppen. Die Nahtzugaben auseinanderbügeln und 2 mm rechts und links von der Naht durch alle Lagen absteppen. Den Schulterriemen links auf links auf den Schulterriemen aus rutschfestem Material legen. 2 mm von den Kanten durch alle Lagen feststecken. Die Enden spitz zuschneiden. Alle Seiten 2 mm vom Rand absteppen.

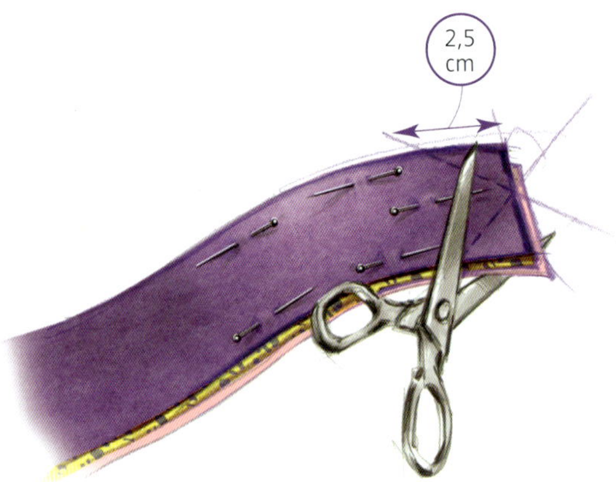

10 Stecken Sie die Enden des Schulterriemens an der freien Seite durch die Doppelösen. 5 cm umklappen (gelb auf gelb), vorsichtig feststecken und an der Spitze eine dreieckige Naht nähen, 2 mm von den Kanten.

Tipps!

Stecken Sie die Teile exakt an den Nahtlinien aneinander, damit die Steppstiche die Löcher der Stecknadeln im rutschfesten Material kaschieren. Entfernen Sie letztere während des Nähens Stück für Stück und geben Sie acht, dass sie nicht vom Nähfuß eingeklemmt werden.

Der Transporteur der Nähmaschine hat Schwierigkeiten, das rutschfeste Material zu befördern, sodass dieses Schaden nehmen könnte. Legen Sie es deswegen Kante an Kante zwischen zwei Lagen Seidenpapier, und stecken und heften Sie durch alle Lagen. Nach dem Nähen entfernen Sie das Seidenpapier, indem Sie es vorsichtig abreißen.

Verwenden Sie beim Nähen des Schulterriemens einen gelben Oberfaden und einen violetten Unterfaden und legen Sie die Seite mit dem gelben rutschfesten Material nach oben.

MOTOROLA

Ausrüstung

Nähzubehör (siehe Seite 7), Selbstlöschender Filzstift, Haushaltsschere, Reißverschlussfuß für die Nähmaschine.

Material

- Wachstuch, lindgrün: 110 cm x 103,5 cm
- Reißverschluss aus Plastik, kakifarben: 55 cm lang
- Selbstklebendes Klettband, 2,5 cm breit: 61 cm
- 2 Ringe, ø 2 cm
- Karabinerhaken
- Nähgarn: lindgrün
- Klebeband
- Neoprenkleber

Vergrößern Sie die Vorlagen mithilfe eines Fotokopierers.

Lindgrüner Rucksack

Maße des Rucksacks: Breite 28 cm x Tiefe 5 cm x Höhe 35 cm (ohne Schultergurt)
Maße der abnehmbaren Tasche: Breite 11,5 cm x Höhe 15 cm
Maße des Handy-Etuis: Breite 5 cm x Tiefe 1 cm x Höhe 11 cm

Vorbereitung

Fotokopieren Sie die fünf Vorlagen von den Seiten 155 bis 157. Vergrößern Sie die Vorlage für die Vorder- bzw. Rückseite auf 156 % und wenden Sie sie an der gestrichelten Linie spiegelbildlich. Vergrößern Sie die Vorlage für die rückseitige Gurthälfte auf 363 %, die für die bauchseitige Gurthälfte auf 171 %. Wenden Sie zwei zusammengehörige Gurthälften spiegelbildlich, um sie links auf links auf die Gegenstücke zu legen. Vergrößern Sie die Vorlage für die aufgenähte Tasche auf 200 %, die für das Etui auf 173 %. *Auf Seite 155 ist dargestellt, wie die Teile zugeschnitten werden.*

Zeichnen und zuschneiden:
Für den Rucksack: 2 Vorder- bzw. Rückseiten; 2 rückseitige Gurte; 2 bauchseitige Gurte; 2 Teile 3 cm x 57 cm (Streifen für oben); 1 Teil 7 cm x 70 cm (Streifen für den Boden).
Für die aufgenähte Tasche:
1 Tasche; 1 Teil 19,5 cm x 39 cm (Klappe); 2 Teile 1 cm x 8 cm (Ringlasche).
Für die abnehmbare Tasche:
1 Teil 17 cm x 25 cm (Tasche);
1 Teil 4 cm x 24 cm (Verschlusslasche).
Für das Handy-Etui: 1 Etui; 1 Teil 1,5 cm x 26 cm (Band für den Karabinerhaken);
2 Teile 1 cm x 9 cm (Ringlaschen).
Zeichnen Sie links auf Vorder- bzw. Rückseiten die Markierung der Vorlage (schwarzes Dreieck). Zeichnen Sie auf die rechte Seite eines der Teile die Markierungen für die Gurte (schwarze Rauten). Auf der linken Stoffseite der oberen Streifen die Mitte der langen Kanten markieren.

Rucksack

1 Die Klappe der aufgenähten Tasche links auf links falten, sodass die kurzen Seiten aufeinanderliegen. Den Falz und die daran anstoßenden Seiten 5 mm von den Kanten feststecken und absteppen. Die Ecken am Falz rund abschneiden.

2 Bei der aufgenähten Tasche die graue Kante links auf links 1 cm umklappen. Feststecken und 2 mm vom unteren Rand der Bruchkante absteppen. Schließen Sie den Boden, indem Sie links auf links die Markierungen A und A′ sowie B und B′ aufeinanderlegen. Feststecken und 2 mm von den Kanten absteppen, dabei nur bis 5 mm vor die Seite nähen. Das Wachstuch links auf links entlang der beiden Brüche der Seiten falten; feststecken und 2 mm von den Brüchen absteppen. Mit dem Bruch am Boden ebenso verfahren.

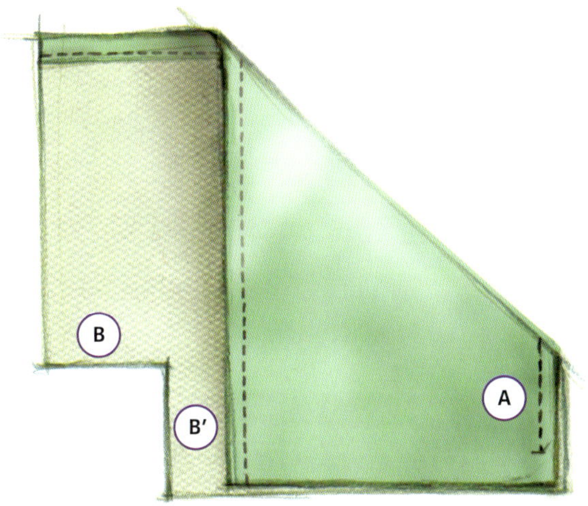

3 Die Lasche für den Ring links auf links in der Mitte falten, sodass die kurzen Seiten aufeinanderliegen. Die langen Seiten 2 mm von den Kanten feststecken und absteppen. Die Lasche durch einen Ring ziehen und zur Schlaufe legen.

4 Auf die rechte Stoffseite der Vorder- bzw. Rückseite mit der zentralen Markierung den Umschlag der Tasche mittig auf die Breite platzieren, sodass die gefaltete Seite bündig an der Oberkante sitzt. Die offene Seite 4,5 cm vom Rand feststecken und absteppen. Auf einer Seite, direkt unter der Naht, unter die Klappe die Enden der zuvor angefertigten Lasche schieben. Die Tasche in 1,5 cm Abstand zur Naht setzen, sodass ihre Seiten auf der der Klappe liegen. Durch alle Lagen feststecken und Seiten und Unterkante 5 mm vom Rand absteppen. Die Naht durch einige senkrechte Stiche oben an der Tasche verstärken.

5 Klettband auf 17 cm Länge zuschneiden. Die Seite mit den Haken mittig in der Breite und 7 cm von der Oberkante auf die Tasche kleben. Die Seite mit den Ösen gegenüber auf die Innenseite der Klappe, in 1,5 cm Abstand von der gefalzten Seite kleben.

6 Befestigen Sie die oberen Streifen beiderseits am Reißverschluss (die linke Seite des Wachstuches liegt auf der rechten des Reißverschlusses), sodass sie an beiden Enden gleich weit überstehen; zusammen sind die Teile 7 cm breit. 2 mm von den Kanten feststecken und mit dem Reißverschlussfuß über die Stecknadeln absteppen (siehe Fig. 7, Seite 11).

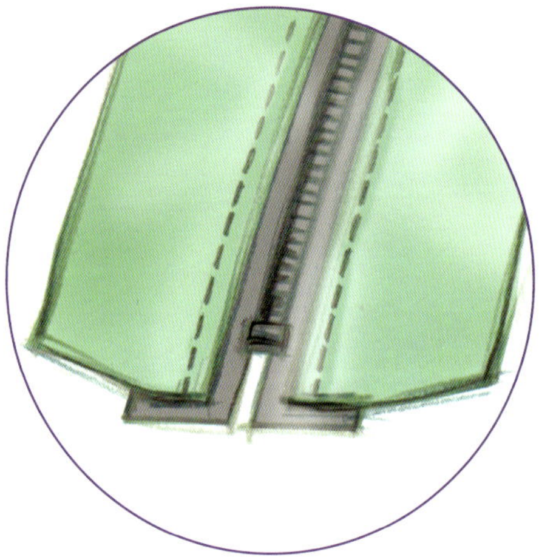

7 Die kurzen Seiten des Bodenstreifens links auf links 1 cm umklappen und den Bruch mit dem Fingernagel nachziehen. Die kurzen Seiten mit Klebeband auf der rechten Stoffseite der kurzen Seiten der oberen Streifen befestigen und so aufeinanderlegen, dass sie die Enden des Reißverschlusses verdecken. Prüfen Sie, ob der entstandene Ring korrekt um das Taschenteil passt. Notfalls kürzen, indem Sie die kurzen Seiten des Bodenstreifens noch weiter umklappen. Wenn Sie zufrieden sind, entfernen Sie das Klebeband. Den Bodenstreifen 2 mm von der umgeklappten Kante feststecken und absteppen.

8 Eine Kante des Streifens rechts auf rechts um die Rückseite des Taschenteils ohne aufgenähte Tasche herum befestigen, sodass die zentralen Markierungen aufeinandertreffen. 1 cm vom Rand feststecken und absteppen.

9 Die rückseitigen Gurte rechts auf rechts aufeinanderlegen. 1 cm von den Kanten feststecken und absteppen, die Unterkante offen lassen. Die Nahtzugaben an den Kurven einschneiden. Auf rechts wenden. Das Teil 2 mm von der Kante durch alle Lagen absteppen. Zwei Klettstreifen von 22 cm Länge zuschneiden. Die Ösenseiten beiderseits auf den Gurt kleben, direkt an die abgerundete Kante und mittig in der Breite.

10 Den bauchseitigen Gurt wie in Schritt 9 beschrieben anfertigen. Legen Sie ihn so auf Ihre Arbeitsfläche, dass die weniger gekrümmte Kante zu Ihrer Linken liegt. Auf diese Seite das 22 cm lange Klettband mit Haken kleben, direkt an das abgerundete Ende und mittig in der Breite.

11 Das Band für den Karabinerhaken links auf links in der Mitte falten, sodass die kurzen Seiten aufeinanderliegen. Die langen Kanten 2 mm vom Rand feststecken und absteppen. Das Band durch die Öse am Karabinerhaken stecken. Ein Ende 1 cm breit mit Kleber bestreichen und 3,5 cm weiter erneut mit

Kleber bestreichen. 20 Minuten trocknen lassen. Den Ring zwischen die zwei Klebezonen legen, diese aufeinanderklappen und festpressen.

12 Befestigen Sie die Gurte auf der rechten Seite des verbleibenden Taschenteils. Ihre offene Kante liegt zwischen den entsprechenden Markierungen an der Kante. Legen Sie sie so auf wie in der Zeichnung gezeigt. Stecken Sie das Band des Karabiners 2 cm tief in die Öffnung des rückseitigen Gurts.

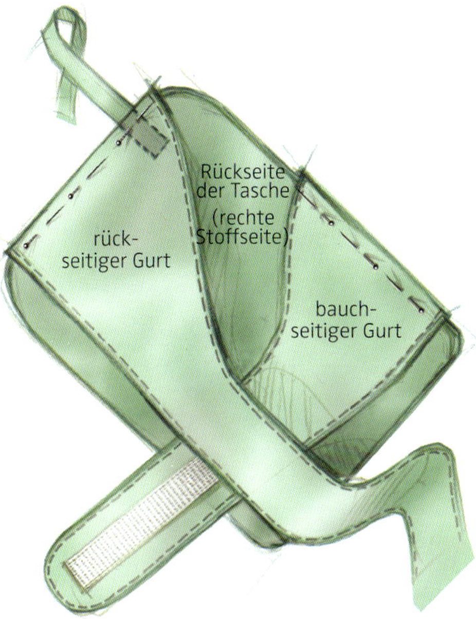

Die freie Kante der Streifen rechts auf rechts um das Taschenteil herumlegen, sodass die zentralen Markierungen aufeinandertreffen (lassen Sie den Reißverschluss offen, damit Sie die Tasche wenden können). 1 cm vom Rand feststecken und absteppen.

Abnehmbare Tasche

1 Die abnehmbare Tasche rechts auf rechts in der Mitte falten, sodass die kurzen Seiten aufeinanderliegen. 1 cm vom Rand feststecken und absteppen. Die Nahtzugaben mit dem Fingernagel auseinanderstreichen. Legen Sie die Naht auf die Mitte einer Seite. Die Oberkante links auf links 1 cm umklappen; feststecken und 2 mm vom unteren Rand der Bruchkante absteppen. Wenden Sie die Tasche auf rechts. Die Unterkante 1 cm vom Rand feststecken und absteppen. Die Nahtzugaben an beiden Ecken schräg abschneiden.

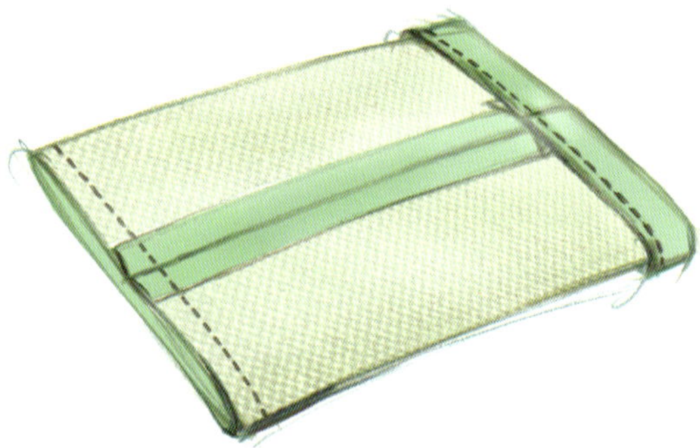

2 Die Verschlusslasche links auf links in der Mitte falten, sodass die kurzen Seiten aufeinanderliegen. Alle Seiten 2 mm von der Kante feststecken und absteppen. Positionieren Sie die Lasche auf der Naht an der Rückseite der Tasche, sodass sie sie um 3 cm überlappt. Die Stelle markieren. Diesen Bereich und die Lasche mit Kleber bestreichen. 20 Minuten antrocknen lassen und aneinanderkleben.

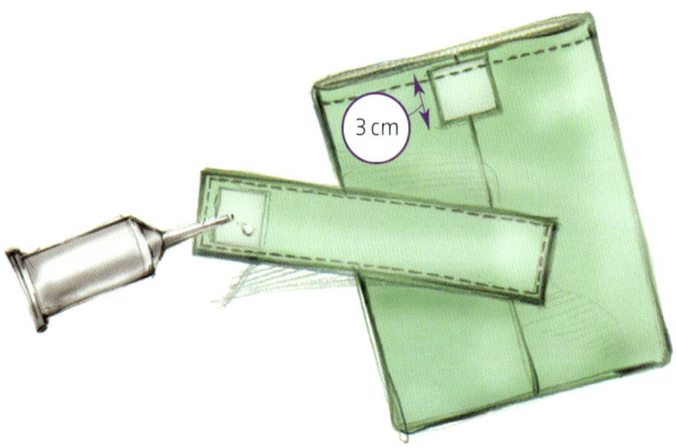

3 Vertikal 12 cm langes Klettband mit der Hakenseite auf die Rückseite der Tasche kleben, über die Naht und mittig in der Höhe. Auf die Vorderseite der Tasche horizontal 3 cm langes Klettband mit der Hakenseite kleben, mittig in der Breite und direkt an die Naht. Die entsprechende Ösenseite gegenüber auf die Innenseite der Lasche, in 2 mm Abstand zur Kante aufkleben.

Handy-Etui

1 Die auf der Vorlage grau unterlegte Kante links auf links 1 cm umklappen. 2 mm vom unteren Rand der Bruchkante feststecken und absteppen. Die gegenüberliegende Kante links auf links 10 cm umklappen. Rundum 2 mm von der Kante feststecken und absteppen.

2 Den Boden schließen, indem Sie A und A' sowie B und B' rechts auf rechts aufeinanderlegen. 5 mm von den Kanten heften und absteppen. Die Streifen zusammensetzen, indem Sie C und C' sowie D und D' rechts auf rechts aufeinanderlegen. 5 mm von den Kanten feststecken und absteppen. Auf rechts wenden.

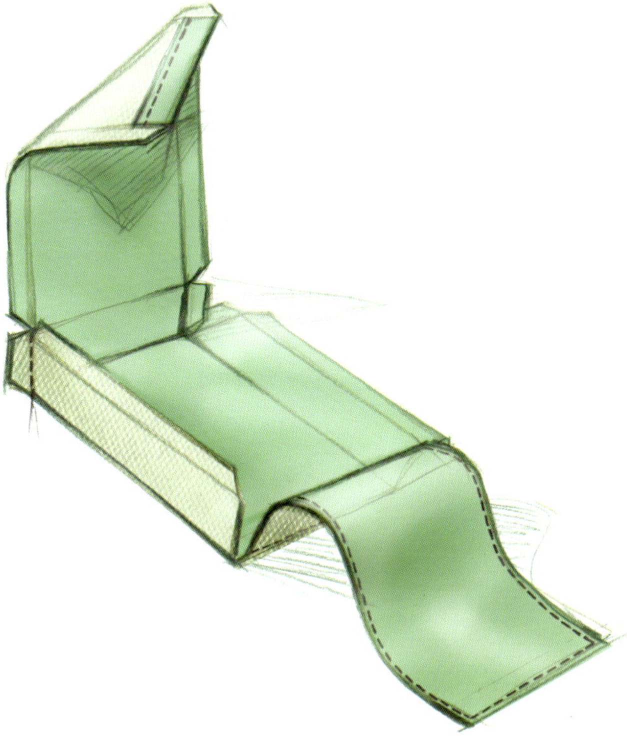

3 Auf die Rückseite des Etuis die Hakenseite eines 9 cm langen Klettbands aufkleben, mittig in der Breite und in 5 mm Abstand zum Boden. Auf die Vorderseite horizontal die Ösenseite eines 2 cm langen Klettbands kleben, mittig in der Breite und 1,5 cm vom Rand. Die entsprechende Ösenseite gegenüber, innen auf die Klappe, 2 mm vom Rand kleben.

4 Wie unter Schritt 3 zum Nähen der Tasche beschrieben, eine Lasche mit Ring anfertigen. Auf einer Seite die Enden 2 cm breit mit Kleber bestreichen. 20 Minuten trocknen lassen, dann aufeinanderpressen. Genauso vorgehen, um sie auf eine Innenseite des Etuis zu kleben.

Tipps!

Bevor Sie die Teile zusammenstecken, fügen Sie sie mit Klebeband aneinander. So vermeiden Sie, dem Wachstuch unschöne Löcher zuzufügen, falls Sie Ihre Arbeit korrigieren müssen.

Stecken Sie die Teile exakt auf den Nahtlinien aneinander, damit die Steppstiche die Löcher der Stecknadeln im Wachstuch kaschieren. Entfernen Sie letztere während des Nähens Stück für Stück und geben Sie acht, dass sie nicht vom Nähfuß eingeklemmt werden.

Der Transporteur der Nähmaschine hat Schwierigkeiten, rutschfestes Material wie zum Beispiel Wachstuch zu befördern, sodass dieses Schaden nehmen könnte. Legen Sie die Teile aus Wachstuch, die Sie aneinandernähen möchten, deswegen Kante an Kante zwischen zwei Lagen Seidenpapier, und stecken und heften Sie durch alle Lagen. Nach dem Nähen entfernen Sie das Seidenpapier, indem Sie es vorsichtig abreißen.

Vorbereitung

Fotokopieren Sie die sechs Vorlagen von den Seiten 158 und 159. Die Vorlage für das Seitenteil auf 106 % vergrößern und entlang der gestrichelten Linie spiegelverkehrt umkehren. Die Vorlagen für die Streifen auf 222 % vergrößern und beim Stoffstreifen rundum 1 cm Nahtzugabe hinzurechnen. Dann die Vorlagen für die Enden der Henkel, des Griffs und der Verstärker auf 100 % fotokopieren.

Auf Seite 159 ist dargestellt, wie die Teile zugeschnitten werden.

Bulgomme® - Zeichnen und zuschneiden: je 1 Vorder- und Rückseite und 1 Streifen, die Vorlagen an den gestrichelten Linien spiegelverkehrt umkehren; 1 Teil 40,5 cm x 13 cm (Boden); 1 Griff; 2 Teile 6 cm x 53 cm (Henkel); 2 Verstärker. Die Henkelenden nach der Vorlage ausschneiden. In den Streifen mit Cutter den Schlitz für den Reißverschluss schneiden.

Auf die rechte Seite die zentralen Markierungen der Vorlagen übertragen (schwarze Dreiecke). Auf der rechten Seite des Bodens die Mitte der kurzen Seiten markieren. Mit selbstlöschendem Filzstift die Position der Henkel auf Vorder- und Rückseite zeichnen.

Baumwollstoff - Zeichnen und zuschneiden: 2 Seitenteile und 2 Streifen aus dem in der Mitte gefalteten Stoff (siehe Fig. 8, Seite 14), plus 1 cm Nahtzugabe rundum;
1 Teil 41 cm x 14 cm (Boden);
1 Teil 20 cm x 13 cm (Innentasche);
4 Teile 7 cm x 7 cm (Verstärkung der Henkel).
Versäubern Sie die Teile aller Kanten. Auf die linke Seite die zentralen Markierungen der Vorlagen zeichnen (schwarze Dreiecke). Auf der linken Seite des Bodens die Mitte der kurzen Seiten markieren.

Kabel - In zwei gleich lange Stücke schneiden.

Bowling-Abend

Maße der Tasche: Breite 39,5 cm x Tiefe 12 cm x Höhe 21 cm (ohne Henkel)

Ausrüstung

Nähzubehör (siehe Seite 7), Seidenpapier, Selbstlöschender Filzstift, Haushaltsschere, Schneidematte, Cutter, Lineal, Reißverschlussfuß für Nähmaschinen.

Material

- Bulgomme®, kandisbraun, Dicke 2,4 mm: 86 cm x 55 cm
- Baumwoll-Twill, rosa: 81 cm x 62 cm
- Reißverschluss, beige, Länge 55 cm
- Dickes Kabel, ø 7 mm: 84 cm
- Nähgarn: braun, rosa
- Neoprenkleber

Vergrößern Sie die Vorlagen mithilfe eines Fotokopierers.

1 Legen Sie ein Stück Kabel mittig auf jeden Henkel. Klappen Sie die langen Seiten links auf links übereinander. 5 mm von der Kante feststecken, dann mit dem Nähmaschinenfuß für Reißverschlüsse absteppen.

2 Auf die linke Seite von Vorder- und Rückseite aus Bulgomme® die rechteckigen Verstärkungsstücke unter die Position der Henkel stecken. Die Enden der Henkel 2 mm von der Kante durch alle Lagen auf die rechte Seite stecken, dann aufnähen.

3 Legen Sie den Reißverschluss unter den Bulgomme®-Streifen (die rechte Seite des Reißverschlusses liegt auf der linken Bulgomme®-Seite) und zentrieren Sie ihn in Länge und Breite auf dem Schlitz. 5 mm von den Bulgomme®-Rändern feststecken und mit dem richtigen Nähmaschinenfuß annähen (siehe Fig. 7, Seite 12).

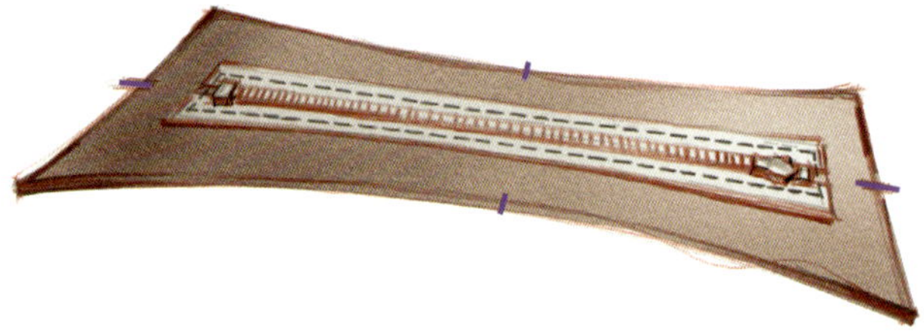

4 Den Boden aus Bulgomme® 5 mm von den Kanten links auf links zwischen Vorder- und Rückseite mit Henkeln feststecken, entlang der geraden Kanten. Über die Stecknadeln absteppen.

Legen Sie die kurzen Kanten von Boden und Seitenstreifen links auf links so aneinander, dass die zentralen Markierungen aufeinandertreffen. 2 mm vom Rand feststecken. Der Seitenstreifen bildet nun einen Bogen. Über die Stecknadeln nähen und 5 mm an jedem Ende frei lassen.

Legen Sie die zentralen Markierungen von Vorder- und Rückseite und Streifen aufeinander. Die Kanten 2 mm vom Rand beiderseits des Streifens feststecken. Über die Stecknadeln nähen.

5 Legen Sie die Verstärker an die Enden des Reißverschlusses und markieren Sie ihre Position. Die markierten Stellen, die linke Seite der Verstärker sowie die Enden des Griffs, ebenfalls auf der linken Seite, mit Kleber bestreichen. 20 Minuten antrocknen lassen. Die Verstärker aufkleben. Den Griff in der Mitte falten und oben und unten auf den des Reißverschlusses kleben.

6 Die Oberkante der Innentasche (20 cm) links auf links erst 1 cm, dann 2 cm umklappen. Feststecken, heften und 2 mm vom inneren Bruch absteppen. Die Unterkante und die Seiten links auf links 1 cm umklappen und einbügeln. Die Tasche auf Vorder- oder Rückseite aus Stoff stecken (die linke Seite der Tasche liegt auf der rechten des Seitenteils), auf die Mitte der Breite und 4 cm über der Unterkante. Die Unterkante und die Seiten der Tasche heften, dann 2 mm von den Kanten absteppen und an den Enden eine dreieckige Verstärkungsnaht nähen (siehe Fig. 23, Seite 17). Unterteilen Sie die Tasche durch zwei oder drei senkrechte Nähte in mehrere Fächer.

7 Legen Sie die Stoffstreifen rechts auf rechts aufeinander. Die langen, geraden Kanten feststecken, heften und 1 cm von der Kante über eine Länge von 4 cm an beiden Enden absteppen. Die Nahtzugaben aufbügeln und den Bruch entlang des Schlitzes verlängern, sodass der Stoff beiderseits 1 cm umgeklappt ist.

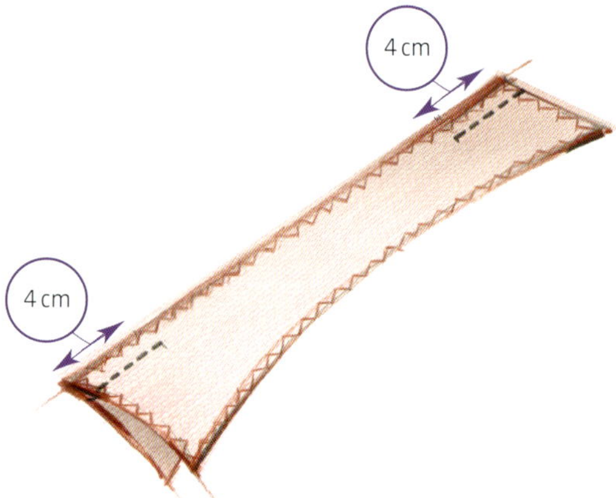

8 Nähen Sie das Innenfutter aus Stoff wie in Schritt 4 beschrieben. Arbeiten Sie jedoch rechts auf rechts und nähen Sie die Steppnaht 1 cm von den Kanten.

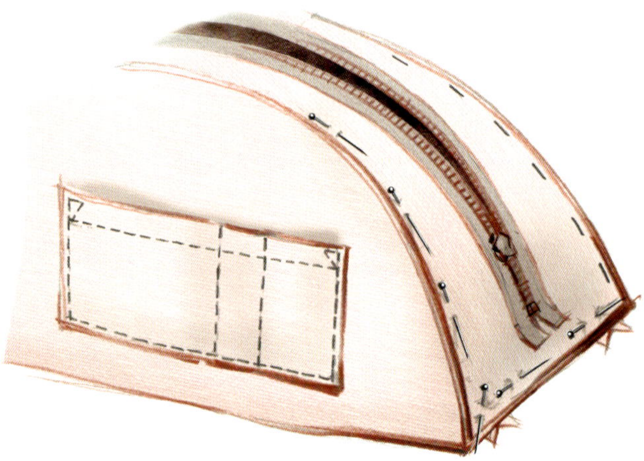

9 Stecken Sie das Futter links auf links in die Außentasche aus Bulgomme®, sodass die Nähte aufeinanderliegen. Die Kanten des Schlitzes links auf den Reißverschluss stecken, beiderseits der Krampen. Heften und anschließend mit Saumstich annähen (siehe Fig. 16, Seite 16).

Tipps!

Bevor Sie die Teile zusammenstecken, fügen Sie sie mit Klebeband aneinander. So vermeiden Sie, dem Bulgomme® unschöne Löcher zuzufügen, falls Sie Ihre Arbeit korrigieren müssen.

Stecken Sie die Teile exakt an den Nahtlinien aneinander, damit die Steppstiche die Löcher der Stecknadeln im Bulgomme® kaschieren. Entfernen Sie letztere während des Nähens Stück für Stück und geben Sie acht, dass sie nicht vom Nähfuß eingeklemmt werden.

Der Transporteur der Nähmaschine hat Schwierigkeiten, rutschfestes Material wie Bulgomme® sodass dieses Schaden nehmen könnte. Legen Sie deswegen die Teile aus Bulgomme®, die Sie aneinandernähen möchten, Kante an Kante zwischen zwei Lagen Seidenpapier, und stecken und heften Sie durch alle Lagen. Nach dem Nähen entfernen Sie das Seidenpapier, indem Sie es vorsichtig abreißen.

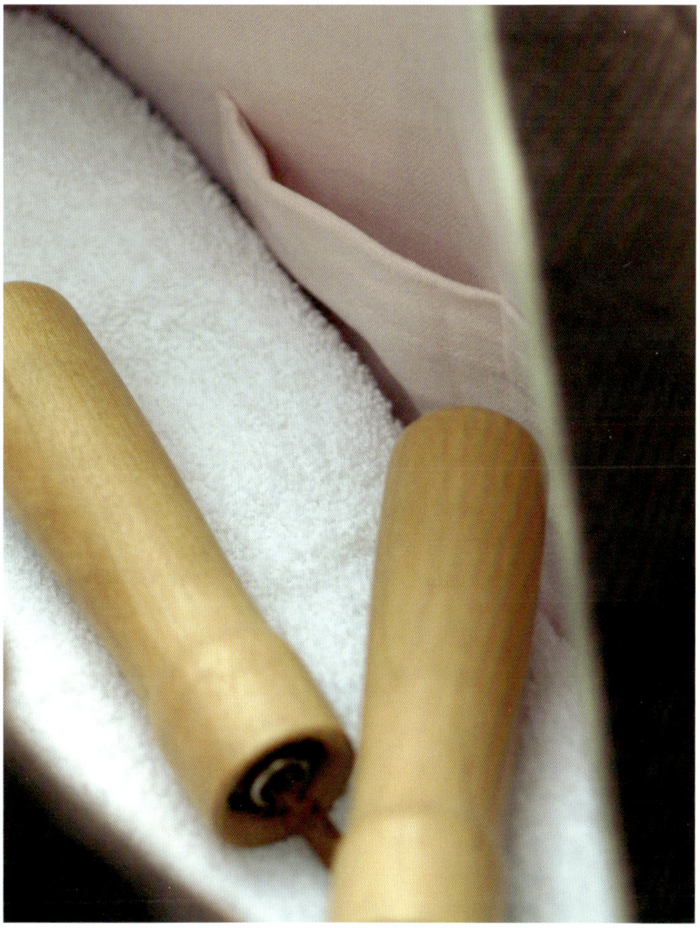

Ausrüstung

Nähzubehör (siehe Seite 7), Kreidestift für Textilien, Kugelschreiber, Pauspapier und Bleistift (oder Fotokopierer), Haushaltsschere, Schneidematte, Lineal, Cutter, Reißverschlussfuß für die Nähmaschine.

Material

- Stoff mit Paillettenmosaik aus Vinyl: 42 cm x 68 cm
- Baumwoll-Twill, schwarz: 69 cm x 92 cm
- Wollfilz, orange: 35 cm x 10 cm
- Mollton: 68 cm x 21 cm
- Acetat: 6 cm x 54 cm
- 2 Reißverschlüsse, schwarz: 1 von 15 cm Länge; 1 von 30 cm Länge
- 2 Ringe mit Scharnier, ø 6 cm
- 1 Ring, ø 1,5 cm
- Karabinerhaken
- Gedrehte Kordel, schwarz und orange: 35 cm
- Broschennadel
- Nähgarn: schwarz
- Sprühkleber für Textilien

Künstliches Kroko

Maße der Tasche: Breite 32 cm x Tiefe 6 cm x Höhe 15 cm (ohne Schulterriemen)
Größe der abnehmbaren Tasche: Breite 14 cm x Höhe 11 cm

Vorbereitung

Kopieren Sie die Blume von Seite 160 auf 100 %. *Auf derselben Seite ist dargestellt, wie die Teile zugeschnitten werden.*

Paillettenstoff - Zeichnen und zuschneiden:
2 Teile 34 cm x 17 cm (Seitenteile);
1 Teil 8 cm x 68 cm (Streifen für den Boden);
1 Teil 16 cm x 24 cm (abnehmbare Tasche).

Schwarzer Baumwollstoff - Zeichnen und zuschneiden:
4 Teile 34 cm x 17 cm (Vorder- und Rückseite);
2 Teile 8 cm x 68 cm (Streifen für den Boden);
2 Teile 4,5 cm x 32 cm (Streifen für den Verschluss);
1 Teil 14 cm x 65 cm (Riemen);
2 Teile 14 cm x 8 cm (Laschen für die Riemen);
1 Teil 21 cm x 14 cm (Innentasche);
2 Teile 3 cm x 8 cm und 3 cm x 4 cm (Laschen für die Ringe);
1 Teil 16 cm x 24 cm (abnehmbare Tasche).

Mollton - Zeichnen und zuschneiden:
2 Teile 32 cm x 15 cm (Vorder- und Rückseite);
1 Teil 6 cm x 68 cm (Streifen).

Acetat - Zeichnen und zuschneiden:
1 Teil mit den in der Materialliste angegebenen Maßen.

Wollfilz - Zeichnen und zuschneiden: 3 Blumen.

Tasche

1 Stecken Sie jedes paillettenbesetzte Teil links auf links auf das entsprechende Teil aus Stoff. Die Kanten der aufeinandergesteckten Teile abheften und durch alle Lagen versäubern.

2 Die langen Kanten der größeren Lasche für die Ringe links auf links 5 mm umklappen und einbügeln. Die Lasche links auf links in der Mitte falten, sodass die langen Kanten aufeinander liegen. Letztere feststecken, heften und 2 mm vom Rand absteppen. Die Lasche durch die Öse des Karabinerhakens stecken und zur Schlaufe umklappen.

3 Fertigen Sie aus den in Schritt 1 vorbereiteten Teilen die Außentasche. Stecken Sie den Streifen für den Boden rechts auf rechts zwischen Vorder- und Rückseite. Heften und 1 cm von der Kante absteppen. Um den Boden der Tasche herauszuarbeiten, klappen Sie die äußersten Ränder rechts auf rechts um und steppen 1 mm vom Bruch durch alle Lagen ab.

4 Fertigen Sie aus den verbleibenden Seitenteilen und dem zweiten Bodenstreifen das Innenfutter. Stecken Sie den Streifen rechts auf rechts zwischen Vorder- und Rückseite. Schieben Sie das Ende der Lasche mit dem Karabiner 6 cm unterhalb der Oberkante zwischen Seitenteil und Streifen in die Naht. Heften, absteppen und den Boden wie in Schritt 3 beschrieben herausarbeiten.

5 Klappen Sie bei der Innentasche die Oberkante (21 cm) links auf links erst 1 cm, dann 2,5 cm um. Feststecken, heften und 2 mm vom inneren Bruch absteppen. Die Unterkante und die Seiten links auf links 1 cm umklappen und einbügeln.

6 Stecken Sie die Innentasche auf ein Seitenteil des Futters (die linke Seite der Tasche liegt auf der rechten Seite des Futters), 1 cm über dem Boden und in 1 cm Abstand zu der dem Karabiner gegenüberliegenden Naht. Die Unterkante und die Seiten heften und 2 mm vom Rand absteppen. An den Enden eine dreieckige Verstärkungsnaht aufnähen (siehe Fig. 23, Seite 17). Unterteilen Sie die Tasche durch mehrere senkrechte Nähte in Fächer.

7 Bei den Streifen für den Verschluss eine lange Kante links auf links 1 cm umklappen und einbügeln. Die Streifen auf den 30 cm langen Reißverschluss legen (die linke Stoffseite liegt auf der rechten Seite des Reißverschlusses), sodass die Bruchkanten mittig über dem Reißverschluss aneinanderstoßen. Feststecken, heften und 5 mm von den Brüchen absteppen (siehe Fig. 7, Seite 12). Die Enden von Streifen und Reißverschluss links auf links bis auf Höhe des Endstücks umklappen; heften und 2 mm vom Bruch absteppen.

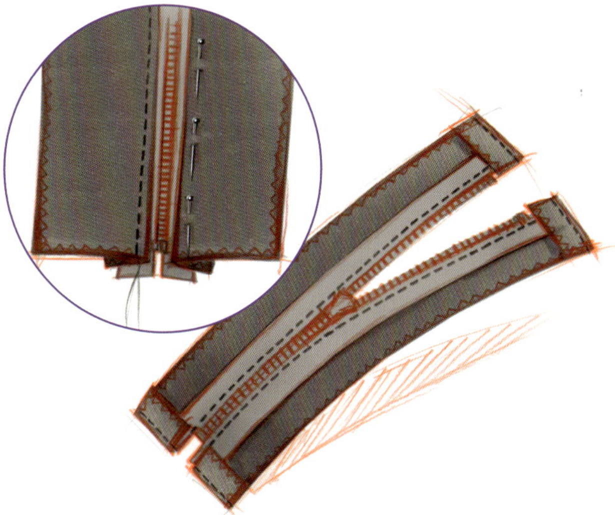

8 Die beiden Streifen des Verschlusses rechts auf rechts auf eine Seite des Futters stecken: Legen Sie die Streifen mit der freien Kante auf die Mitte der Länge 2,5 cm über die Oberkante der Seitenteile. Heften und 2 mm vom aufgesteckten Rand absteppen. Öffnen Sie den Reißverschluss und wenden Sie die Tasche. Klappen Sie die Streifen in Richtung Boden des Innenfutters. Feststecken, heften und 2 mm vom Bruch absteppen, um die vorhergehende Naht zu verbergen.

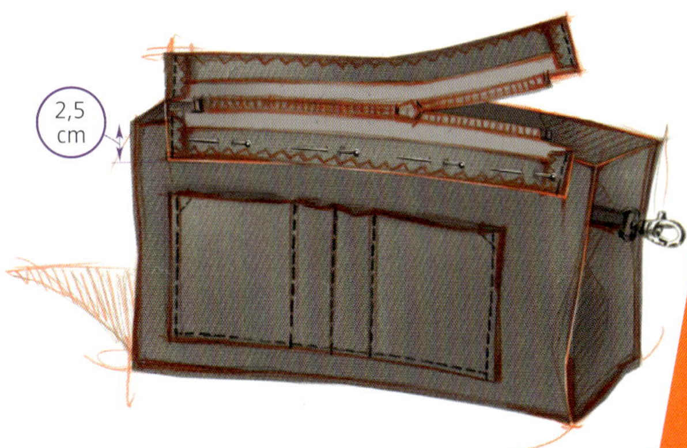

9 Falten Sie die Laschen für die Ösen rechts auf rechts in der Mitte, sodass die kurzen Kanten aufeinanderliegen. Die kurze offene Kante feststecken, heften und 1 cm vom Rand absteppen. Die Nahtzugaben auseinanderbügeln. Wenden Sie die Laschen auf rechts und legen Sie bei beiden die Nähte auf die Mitte einer Seite; bügeln. Steppen Sie die beiden Enden jeweils 2 mm von der Kante durch alle Lagen ab.

10 Klappen Sie bei der Außentasche und beim Futter die Oberkante links auf links 1 cm um. Ziehen Sie den Bruch mit dem Fingernagel nach. Die Außentasche auf rechts wenden. Besprühen Sie die drei Mollton-Teile mit Sprühkleber. Platzieren Sie sie auf die Innenseiten der Außentasche und schieben Sie ihre Oberkante bündig unter die obere Bruchkante. Glätten Sie die Arbeit mit den Händen, damit die beiden Lagen fest aneinanderhaften. Stecken Sie das Futter in die Außentasche, mit der linken Seite auf den Mollton, sodass die Nähte und die Oberkanten aufeinanderliegen. Die Laschen für die Schulterriemen entlang der Seitennähte zwischen Mollton und Futter schieben, sodass sie an der Oberkante 1,5 cm überstehen. Feststecken. Die Oberkanten durch alle Lagen aneinanderstecken, heften und rundum 2 mm vom Rand absteppen.

11 Den Schulterriemen rechts auf rechts in der Mitte falten, sodass die langen Kanten aufeinanderliegen. Letztere feststecken, heften und 1 cm vom Rand absteppen. Die Nahtzugaben auseinanderbügeln. Den Riemen auf rechts wenden, die Naht auf die Mitte einer Seite legen, bügeln und den Acetatstreifen mittig in der Länge hineinstecken. Klappen Sie den Stoff an beiden Enden links auf links 1 cm um. Die umgeklappten Enden an der Kante des Acetats erneut einklappen. Feststecken, heften und 2 mm von den Kanten absteppen.

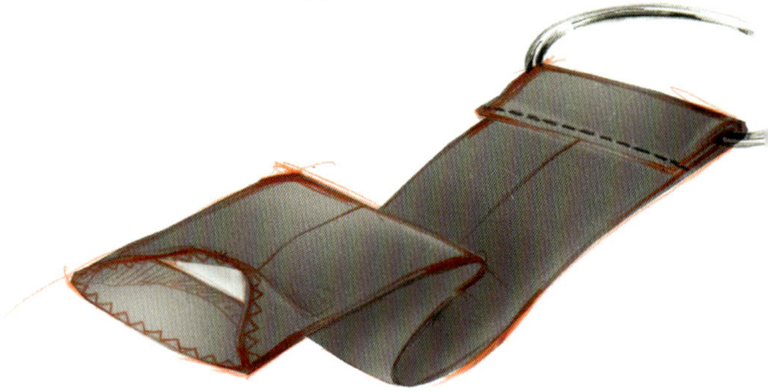

12 Die Ringe öffnen und durch die Laschen für die Riemen und durch die Riemen schieben. Dann die Ringe wieder schließen.

13 Zwei Filzblumen auf ein Viertel falten und mit einigen Stichen an der Spitze fixieren. Auf die Mitte der dritten Blume nähen. Die Blume auf die Broschennadel nähen und die in der Mitte gefaltete gedrehte Kordel mit einfassen. Die Blume auf eine Befestigungslasche des Schulterriemens stecken.

Abnehmbare Tasche

1 Eine kleine Lasche wie in Schritt 2 für die Tasche angegeben fertigen, durch den 1,5 cm großen Ring ziehen und zur Schlaufe umklappen.

2 Nehmen Sie das Teil für die Innentasche, das Sie in Schritt 1 zum Anfertigen der Tasche vorbereitet haben. Die kurzen Seiten Stoff auf Stoff 1 cm umklappen und die Brüche mit dem Fingernagel nachziehen. Auf den 15 cm langen Reißverschluss stecken, bündig an die Krampen (die Bruchkanten rechts auf den Reißverschluss), sodass sie an beiden Enden gleich weit überstehen. Heften und 2 mm von den Kanten mit Reißverschlussfuß absteppen.

3 Öffnen Sie den Reißverschluss und wenden Sie die Tasche auf links. Falten Sie die Tasche so, dass der Reißverschluss mittig auf einer Seite liegt. Legen Sie die Lasche mit dem Ring zwischen die zwei Lagen und bringen Sie beide Enden auf einer Seite der Tasche auf eine Höhe, in 1,5 cm Abstand zur Kante. Die Seiten durch alle Lagen feststecken, heften und 1 cm von den Kanten absteppen. Die Nahtzugaben an allen vier Ecken schräg abschneiden und die Tasche wieder auf rechts wenden.

VORLAGEN

/////// Maßstab: 1 mm = 1 cm ///

Filztasche Kelly

Seite 18

Roter Filz

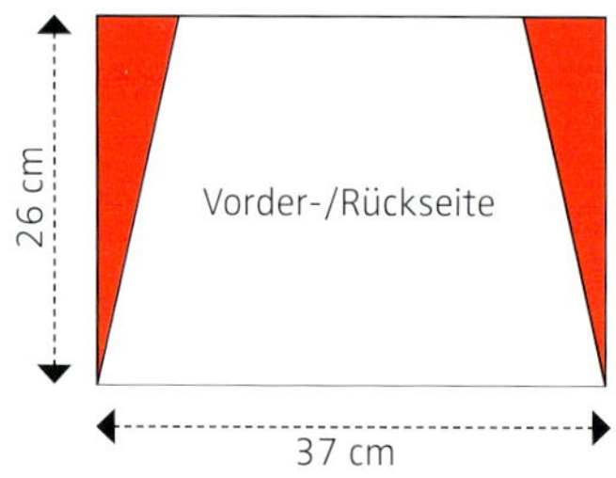

Schokobrauner Filz

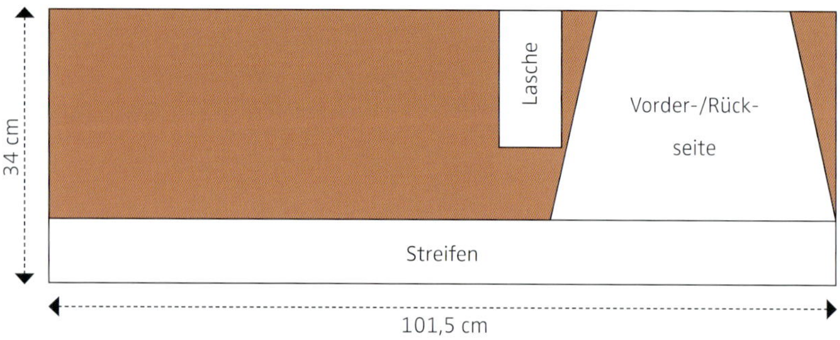

Klebestellen

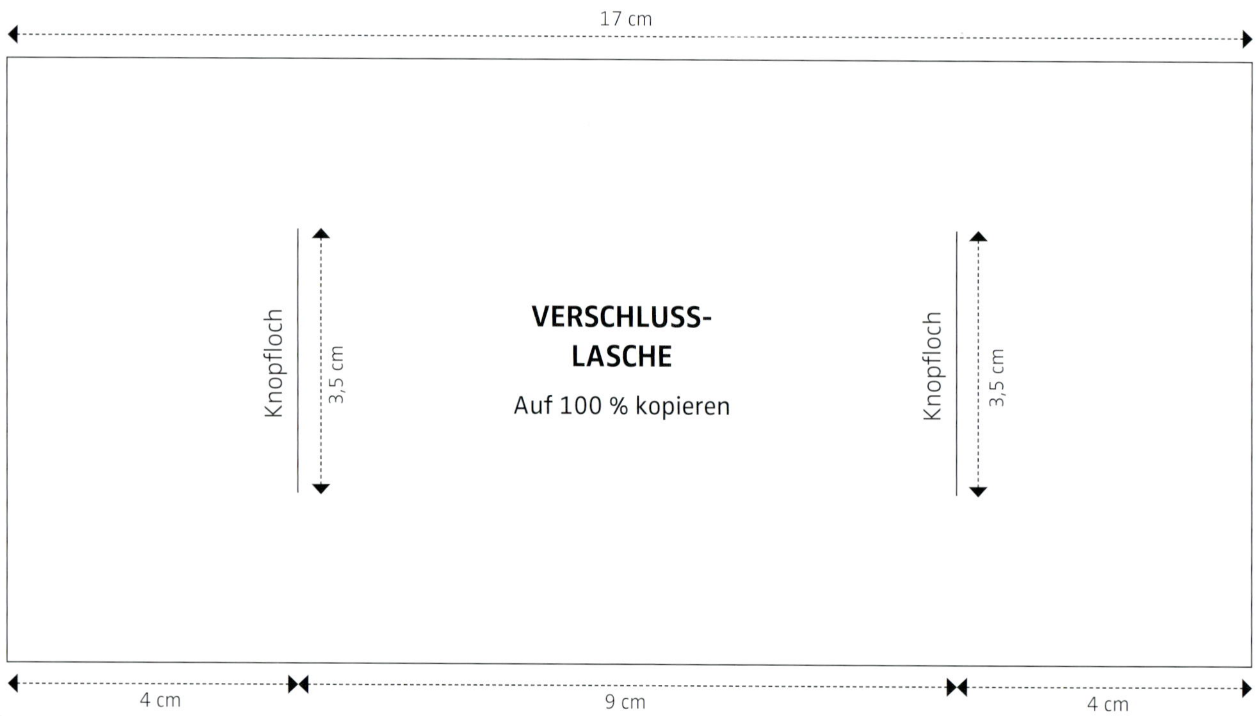

Filztasche Kelly

Seite 18

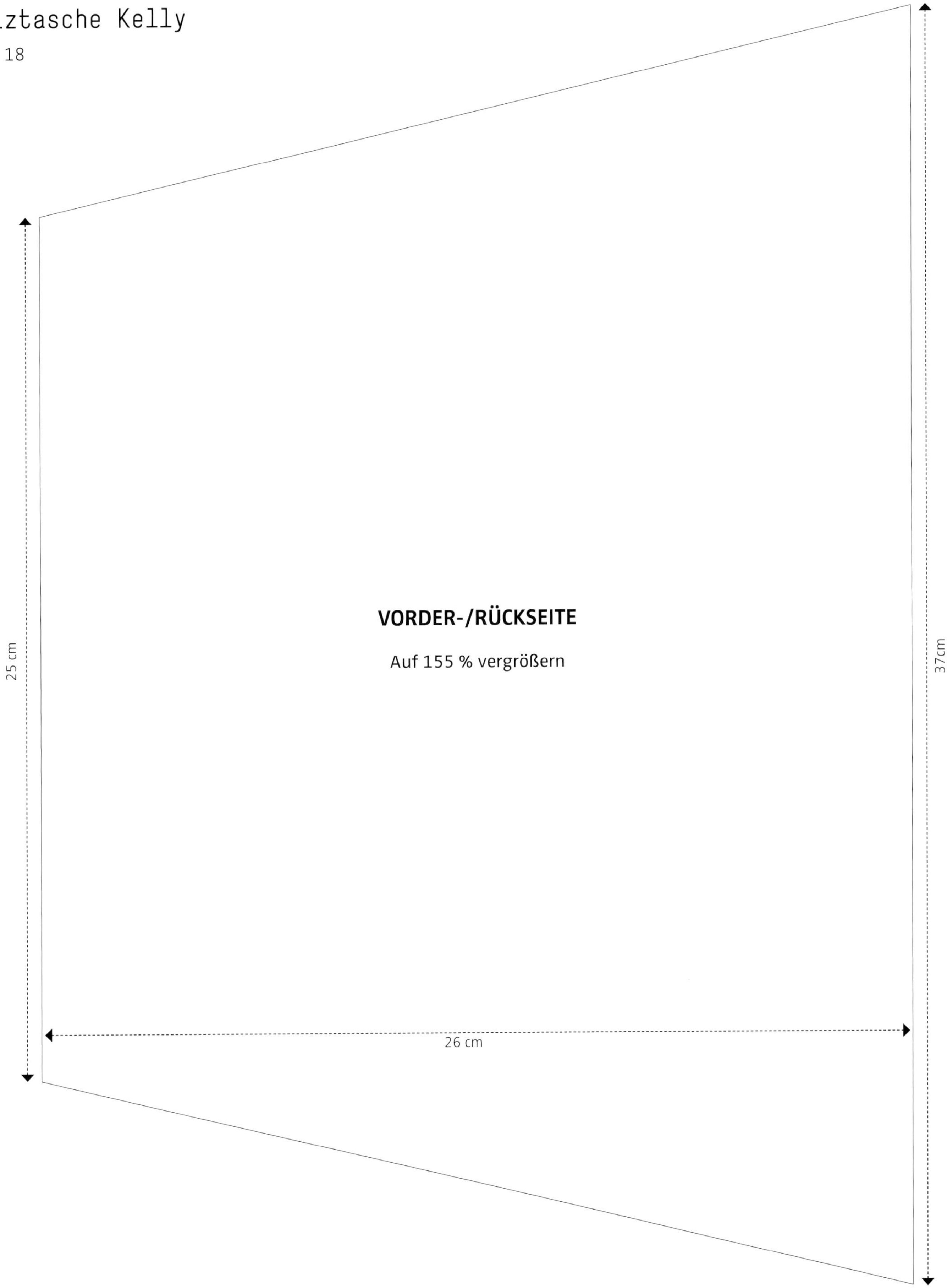

Kleine Blumen

Seite 22

Auf 100 % kopieren

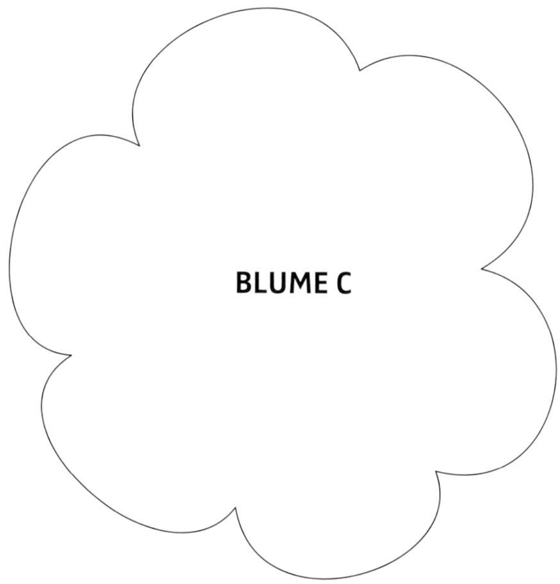

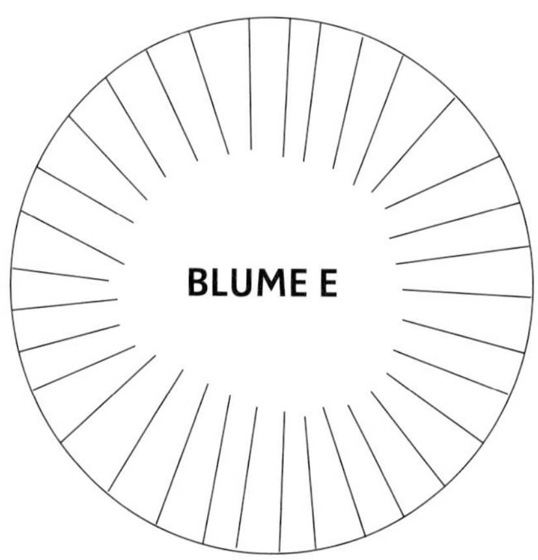

Hosenträgertasche

Seite 26

Große Einkaufstasche

Seite 42

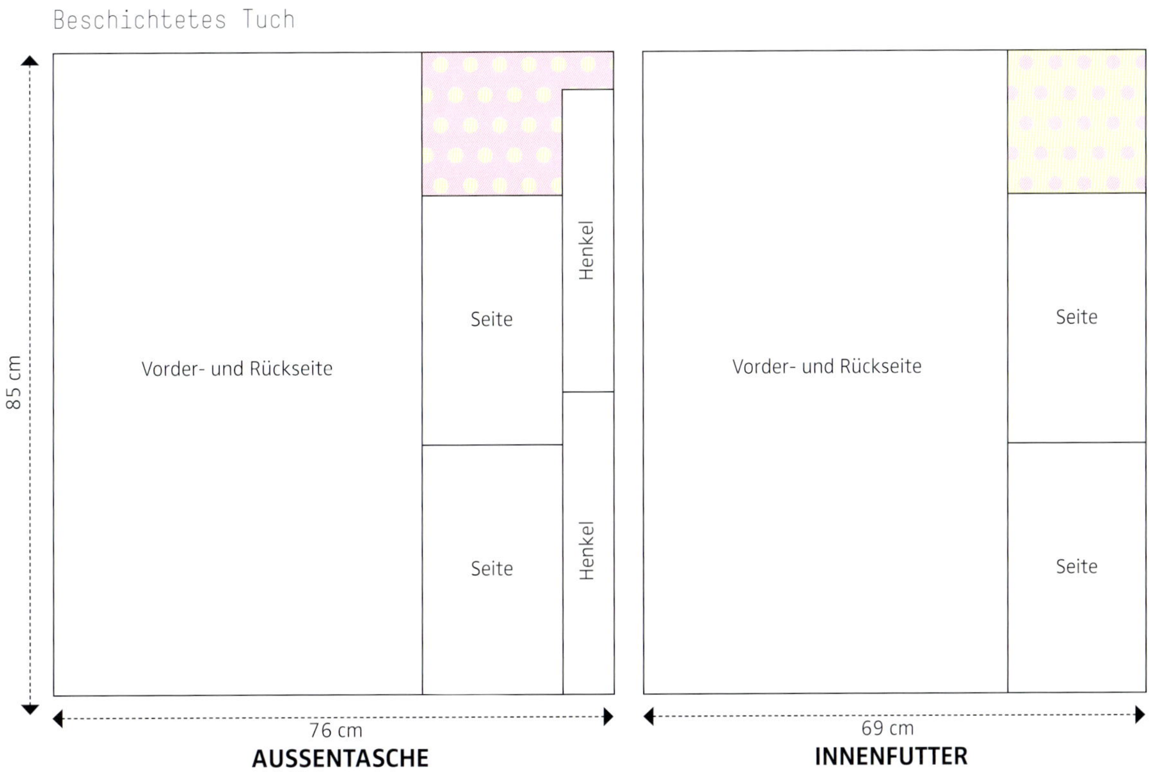

Schicke Riesentasche

Seite 50

Höfische Pracht

Seite 46

Toile de Jouy

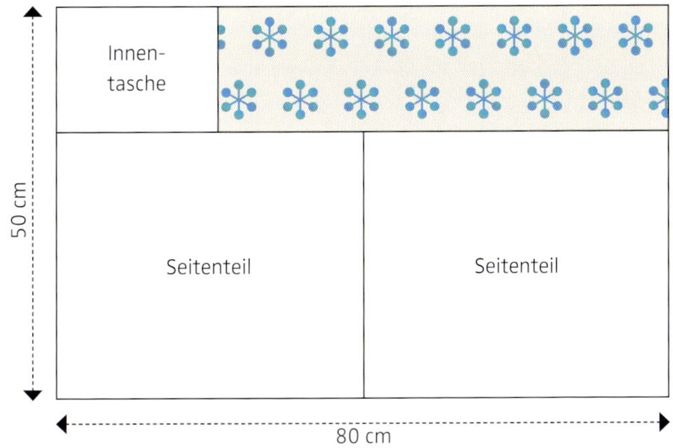

A la Zarin

Seite 56

Gestreifter Stoff

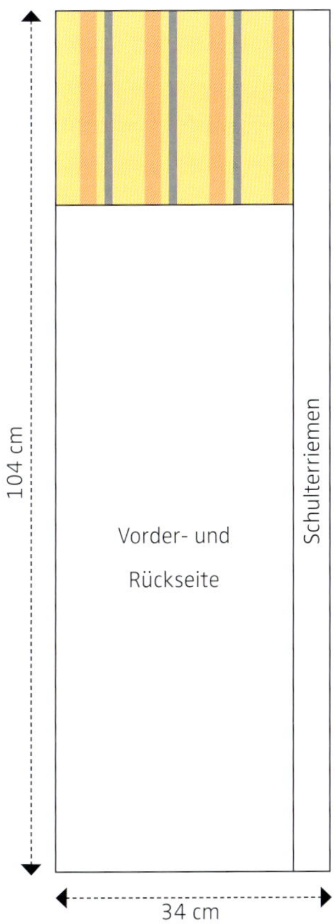

Picadilly Circus

Seite 60

Blumenstoff

Streifenstoff

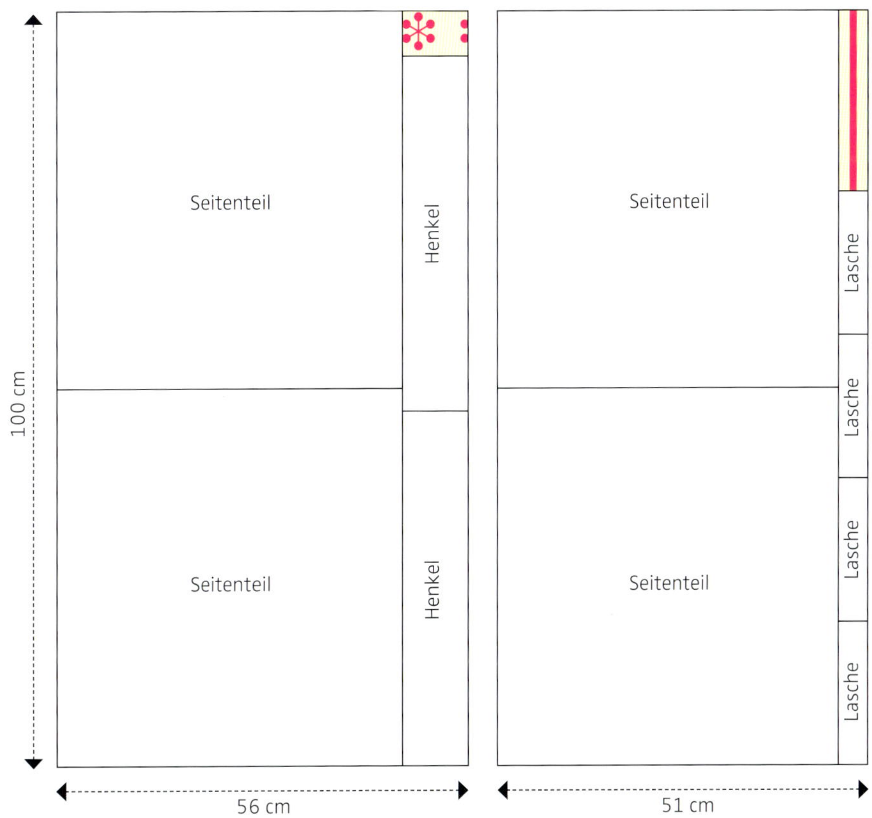

Tupfen und Federn

Seite 66

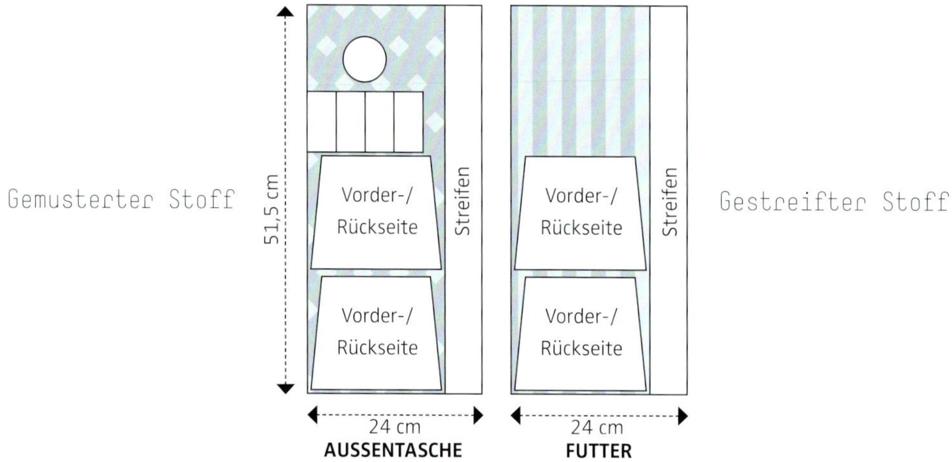

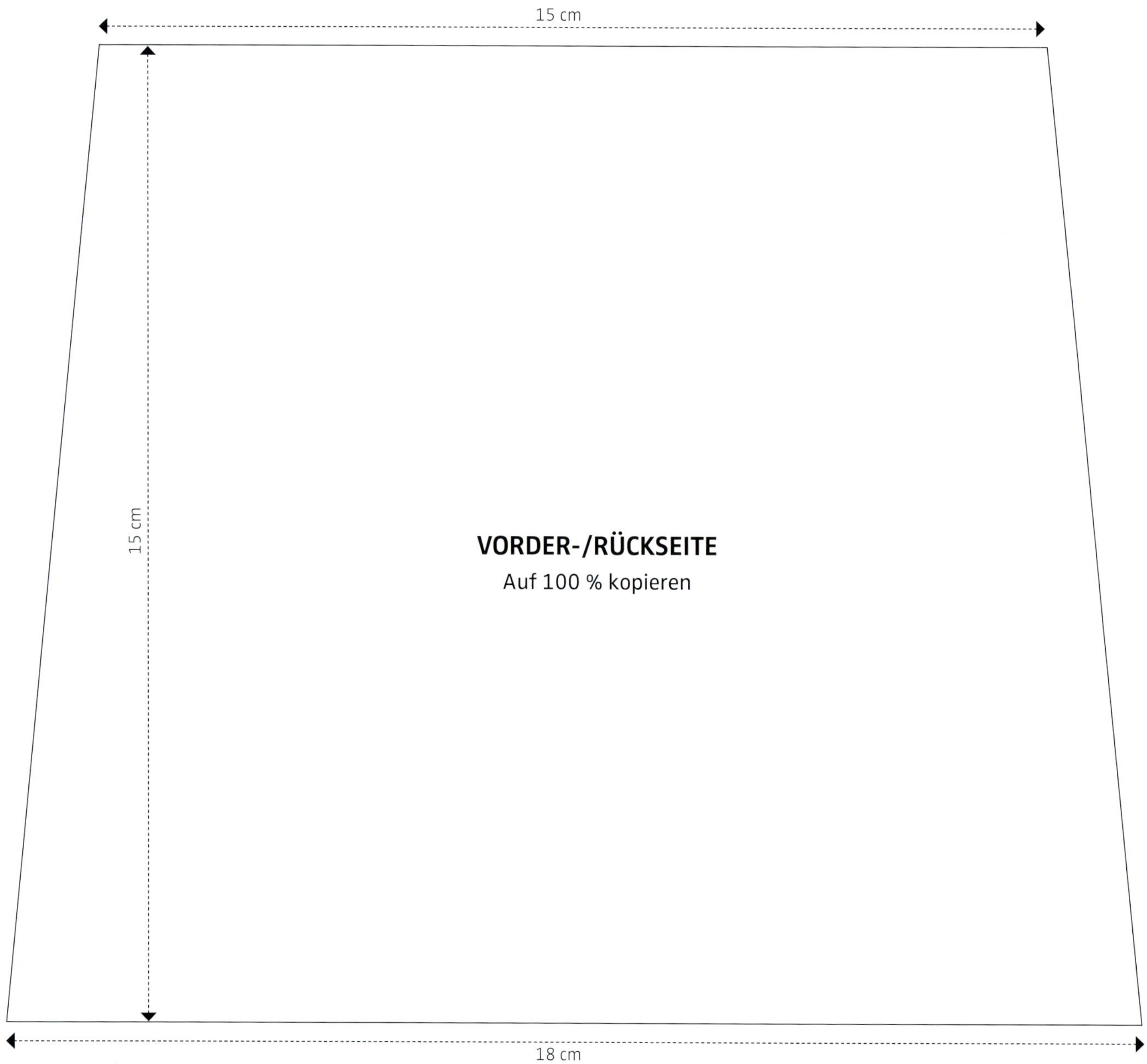

Jeans mit Pelzbesatz

Seite 70

Jeansstoff

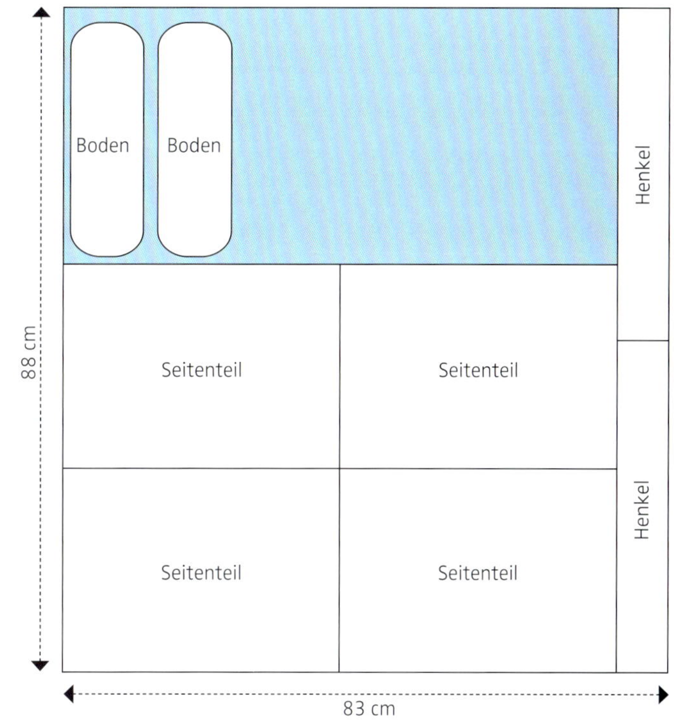

Acetat

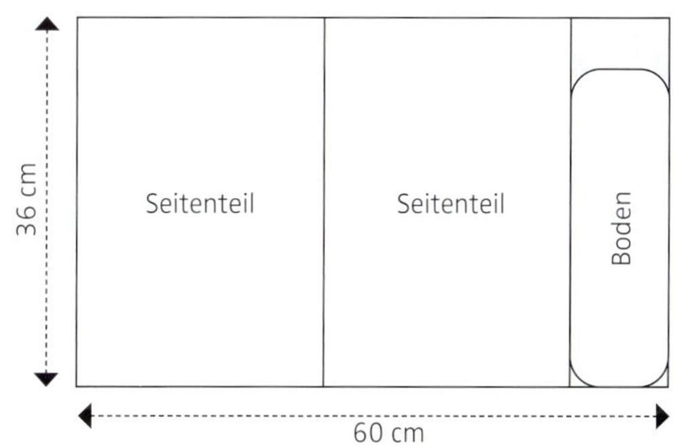

Einkaufstasche im Etui

Seite 74

Rosafarbene Stoffe

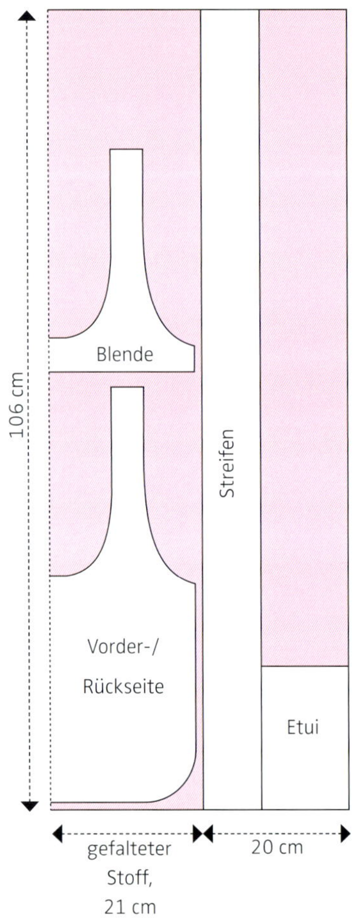

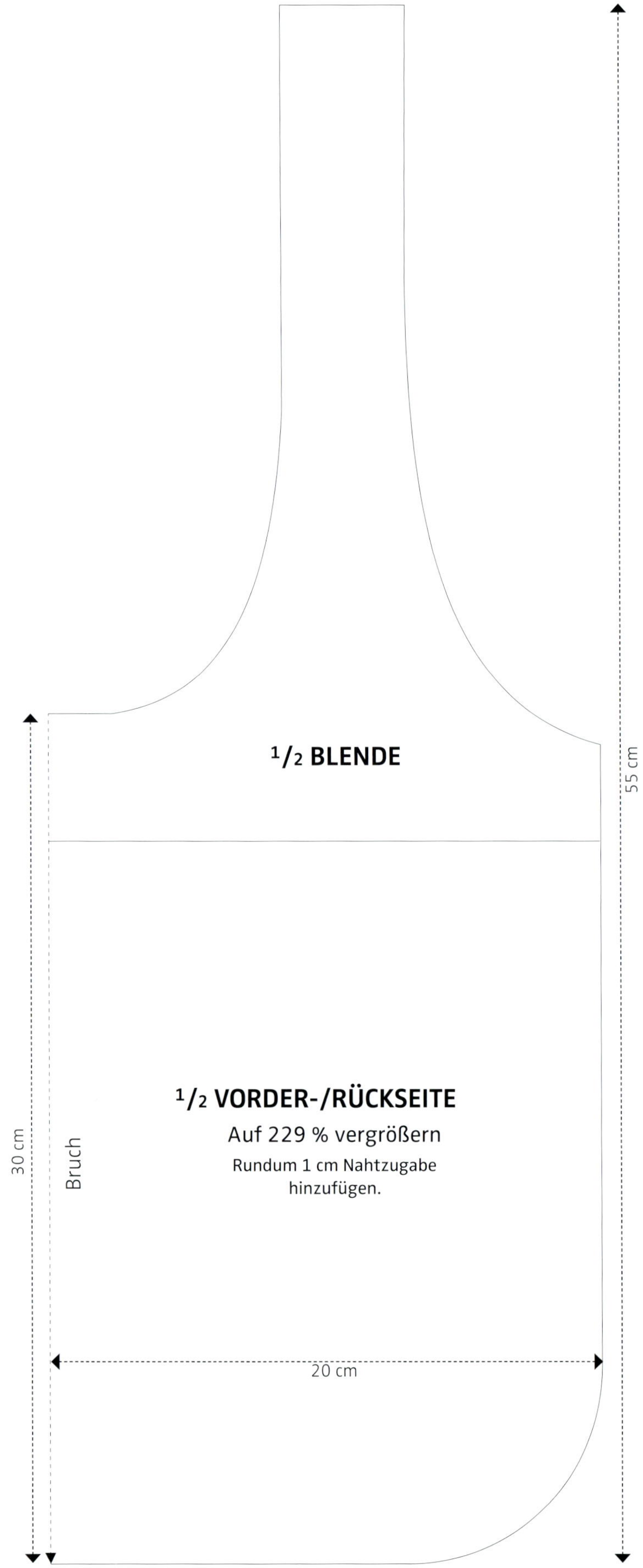

Gestreifter Stoff

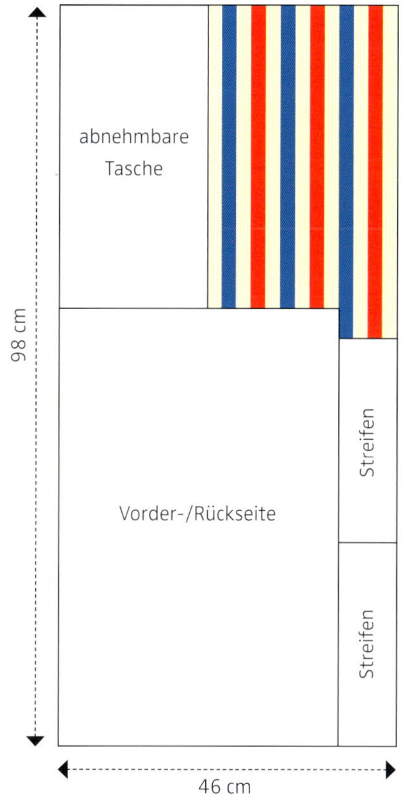

AUSSENTASCHE

Roter Stoff

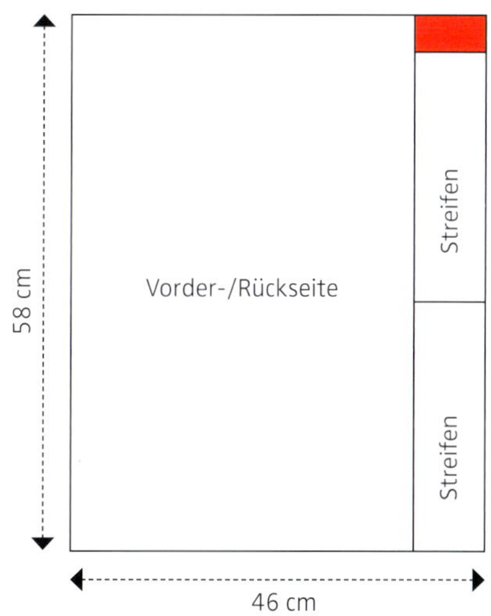

FUTTER

Theater oder Oper?

Seite 86

Matratzenstoff

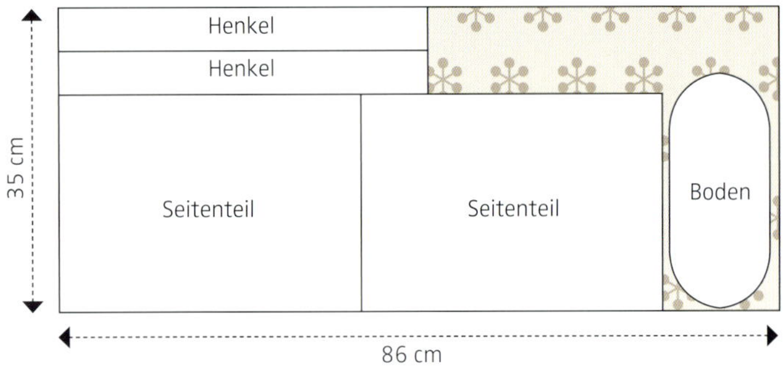

Roter Samt

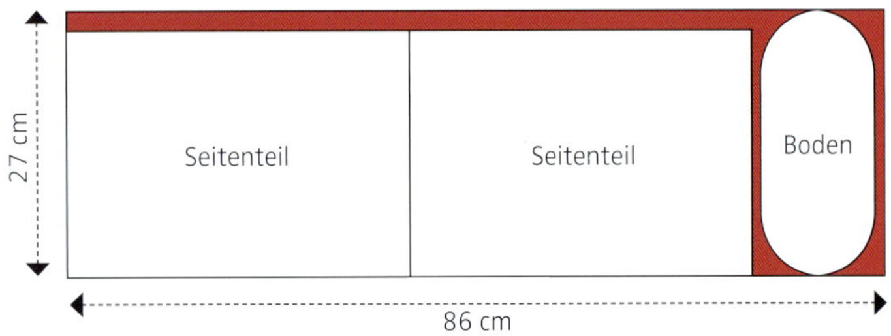

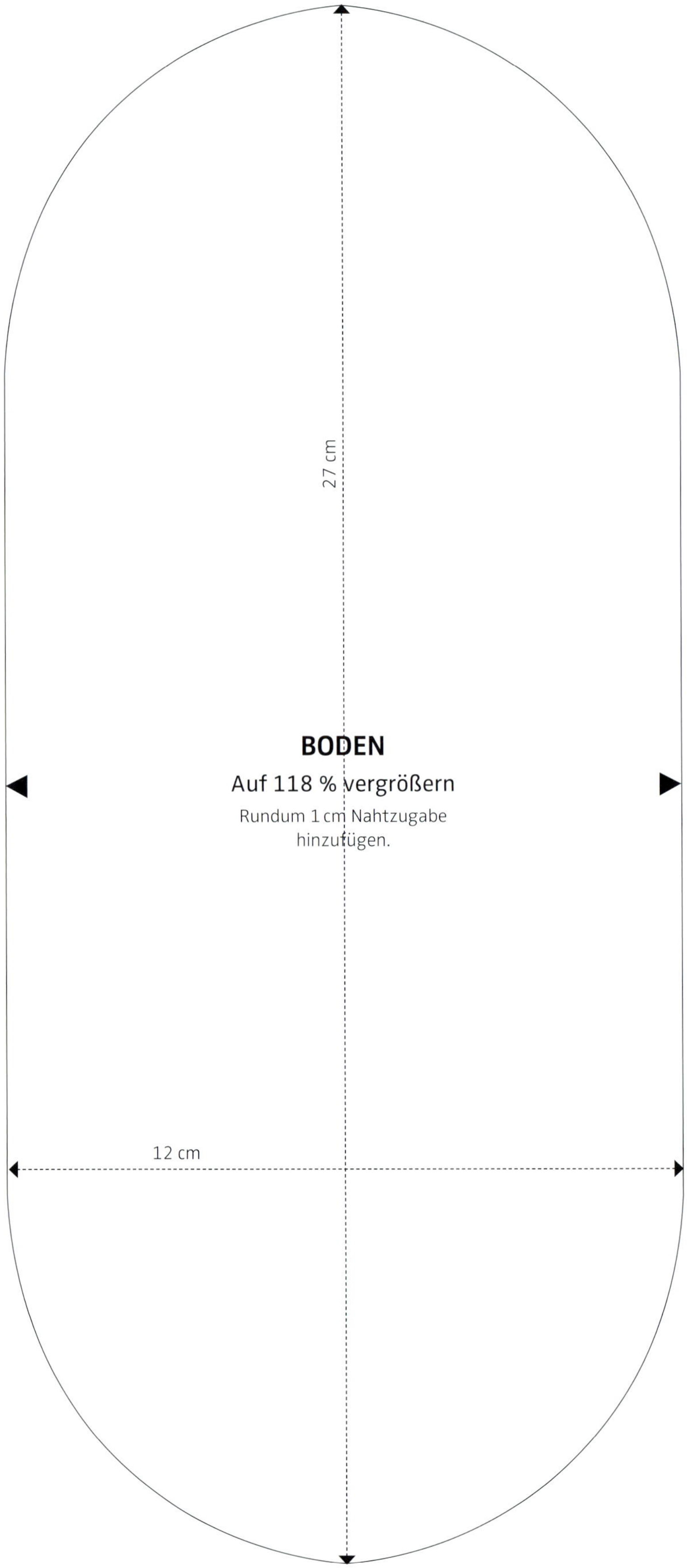

BODEN

Auf 118 % vergrößern

Rundum 1 cm Nahtzugabe hinzufügen.

Rote Koralle

Seite 90

Korallenroter Wollstoff

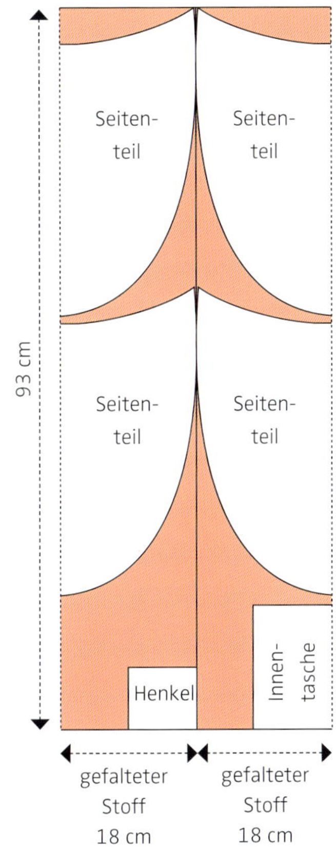

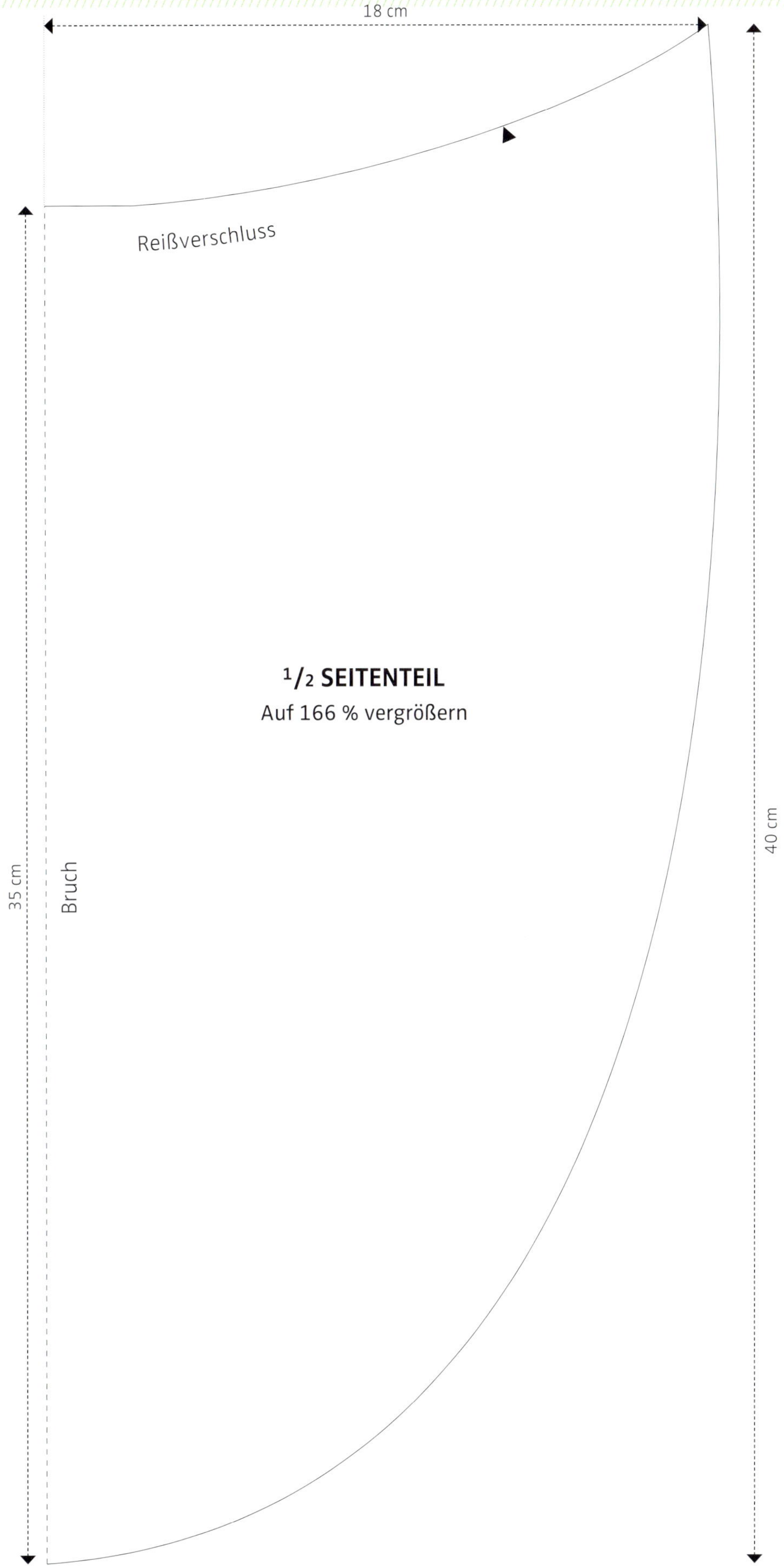

Filztasche mit Beutel

Seite 96

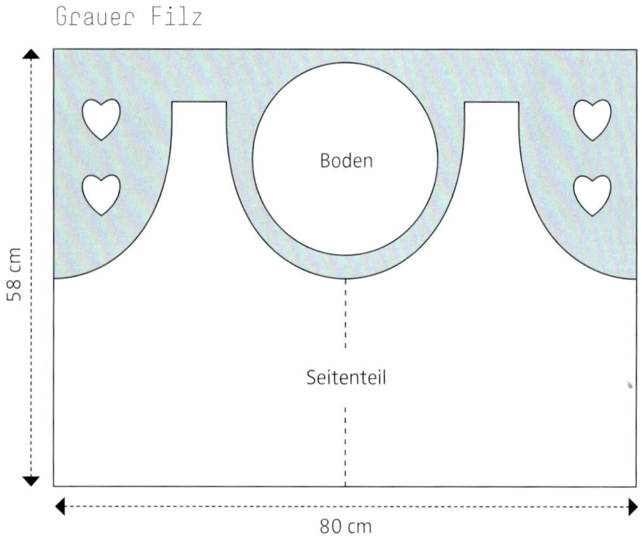

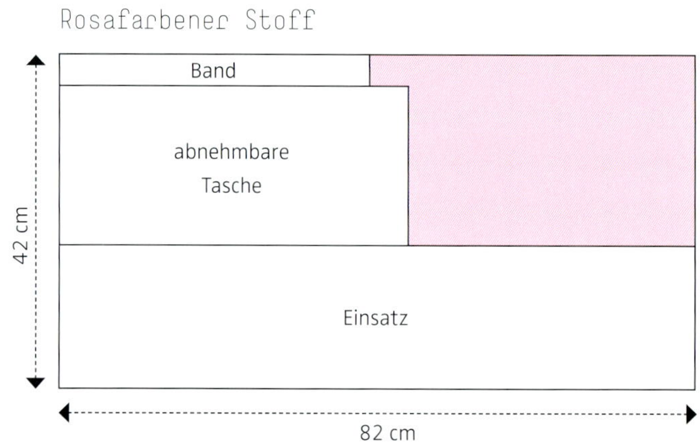

HERZ
Auf 100 % kopieren
1/2 SEITENTEIL
Auf 228 % vergrößern
Mitte
53 cm
27 cm
40 cm

Die kleine Schwarze

Seite 102

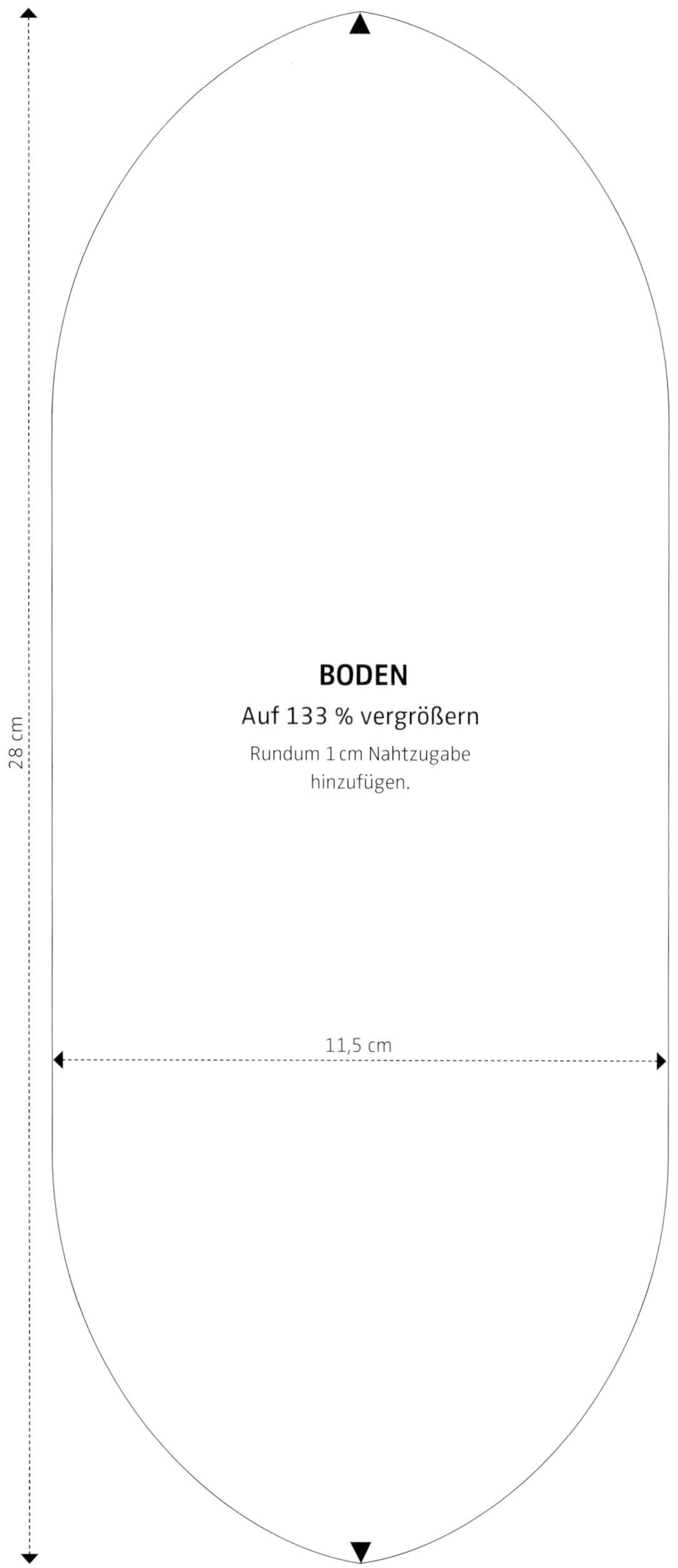

Schwarzer Stoff

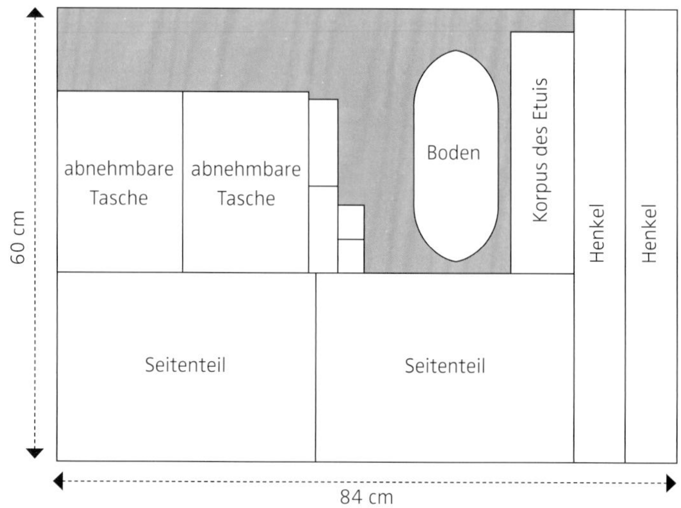

Schwarzer Chintz

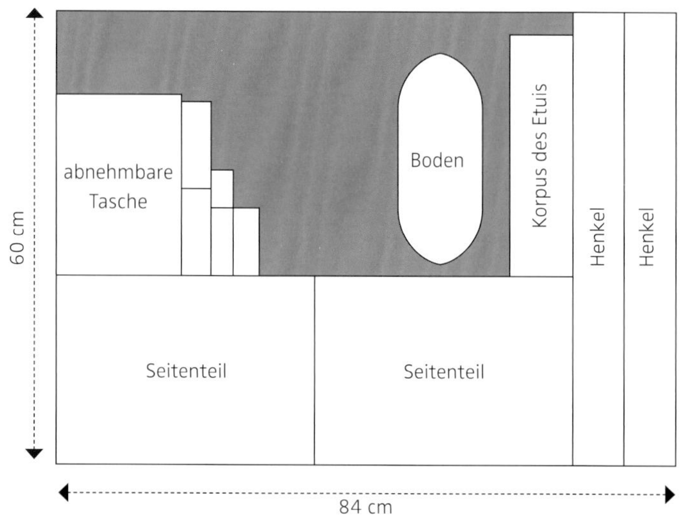

Mollton

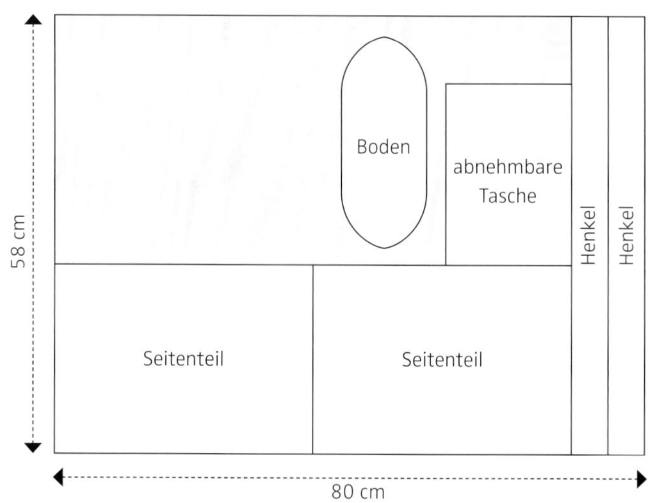

City bag

Seite 110

Violetter Filz

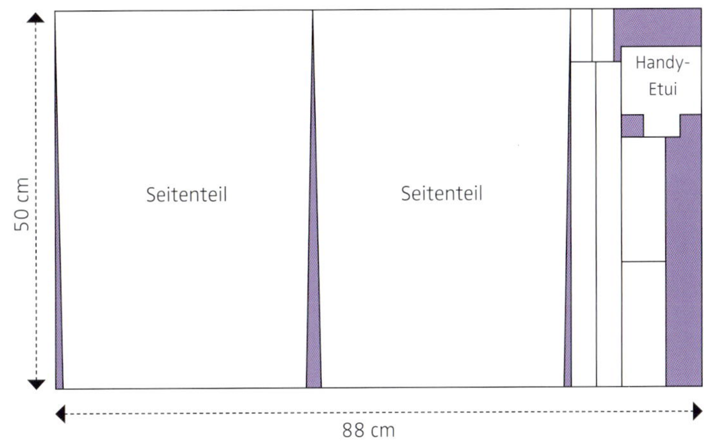

Rutschfestes Material

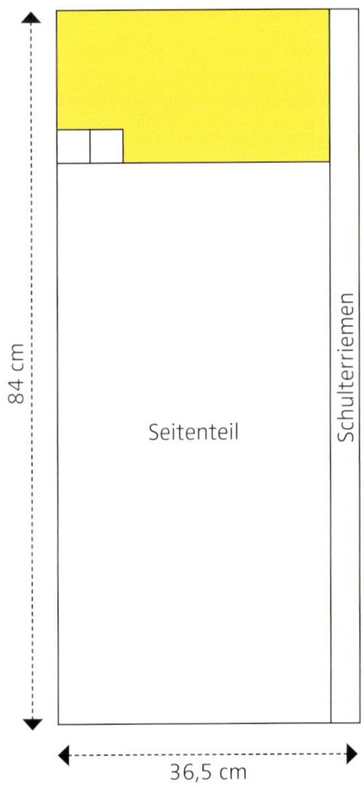

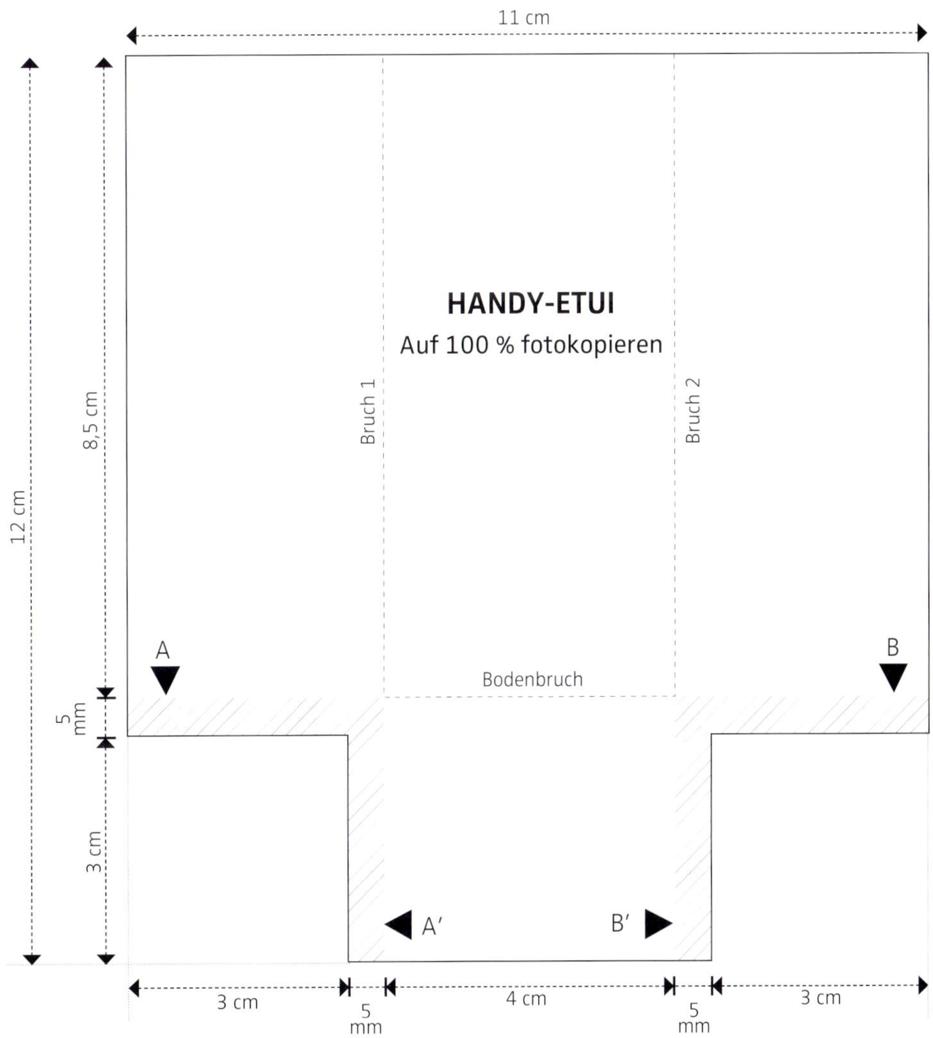

Seite 110

Lindgrünes Wachstuch

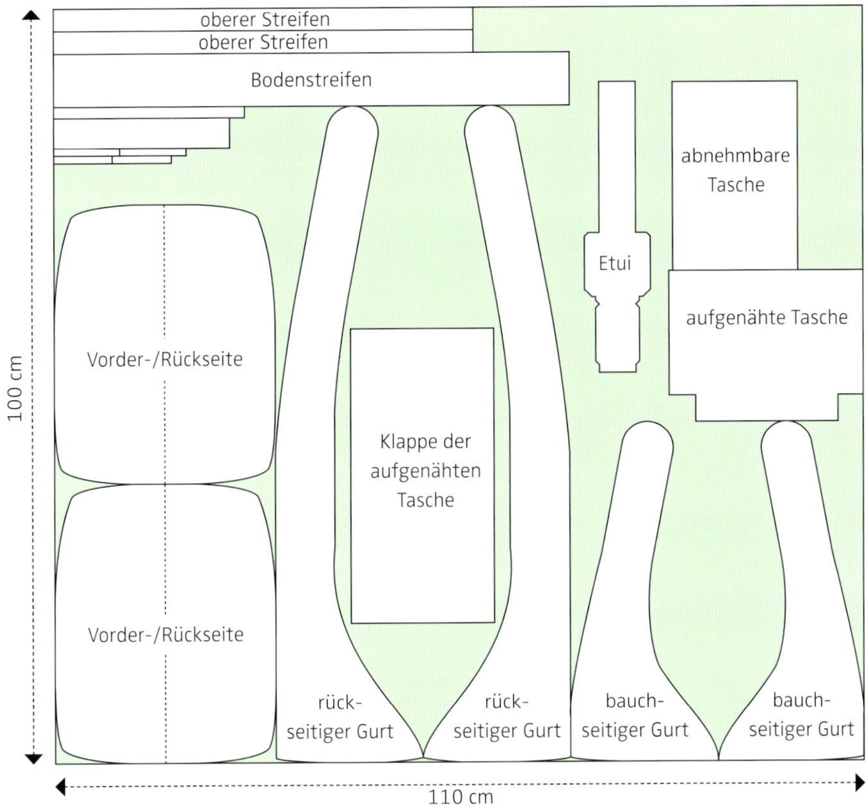

Lindgrüner Rucksack

Seite 116

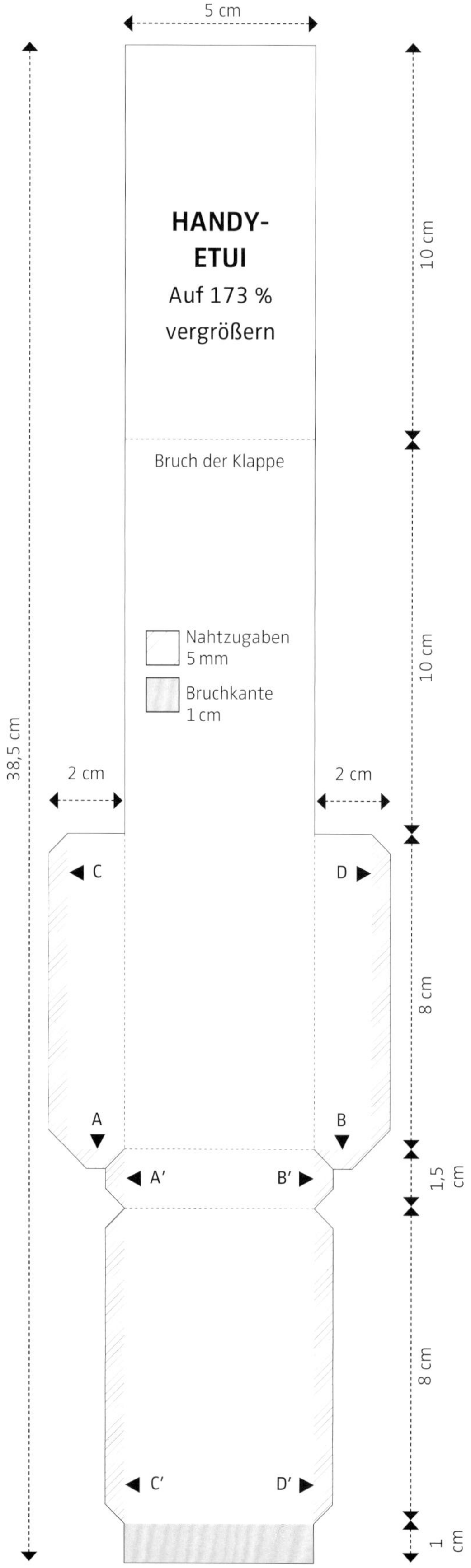

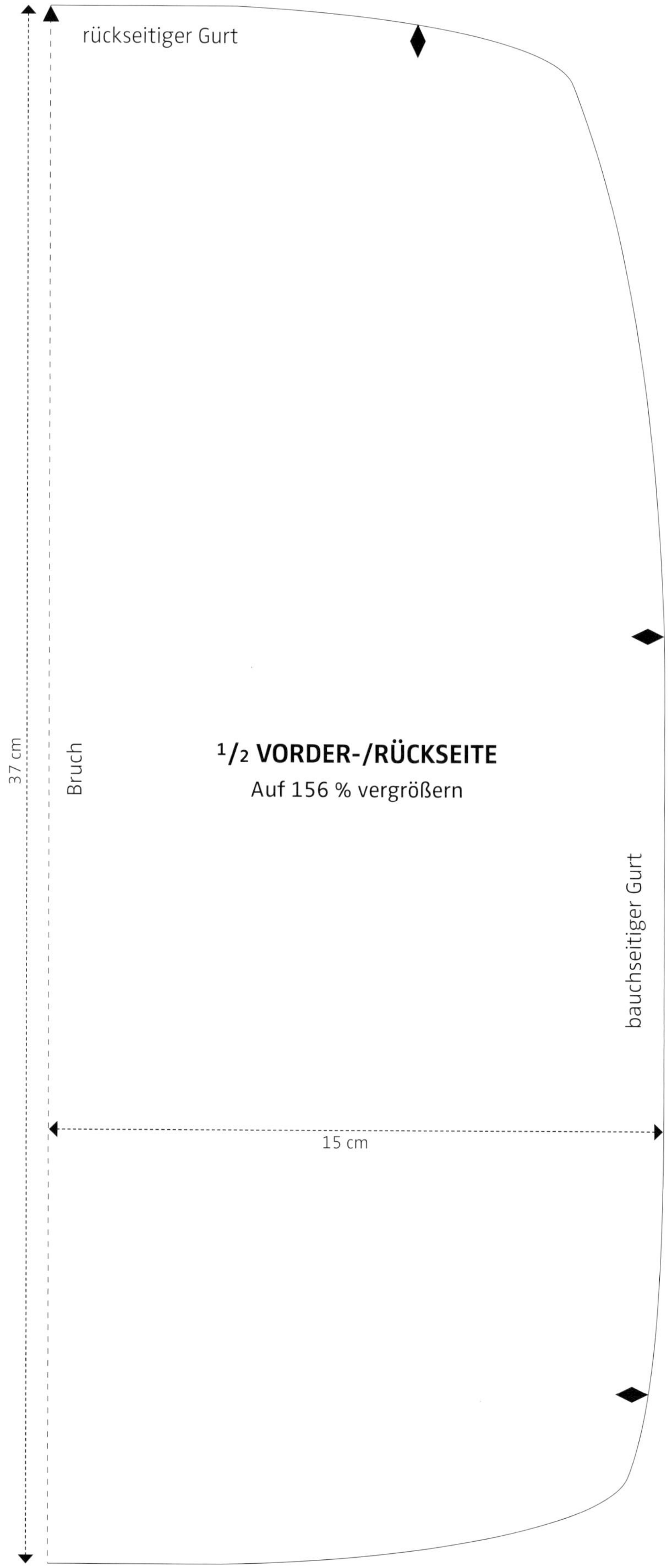

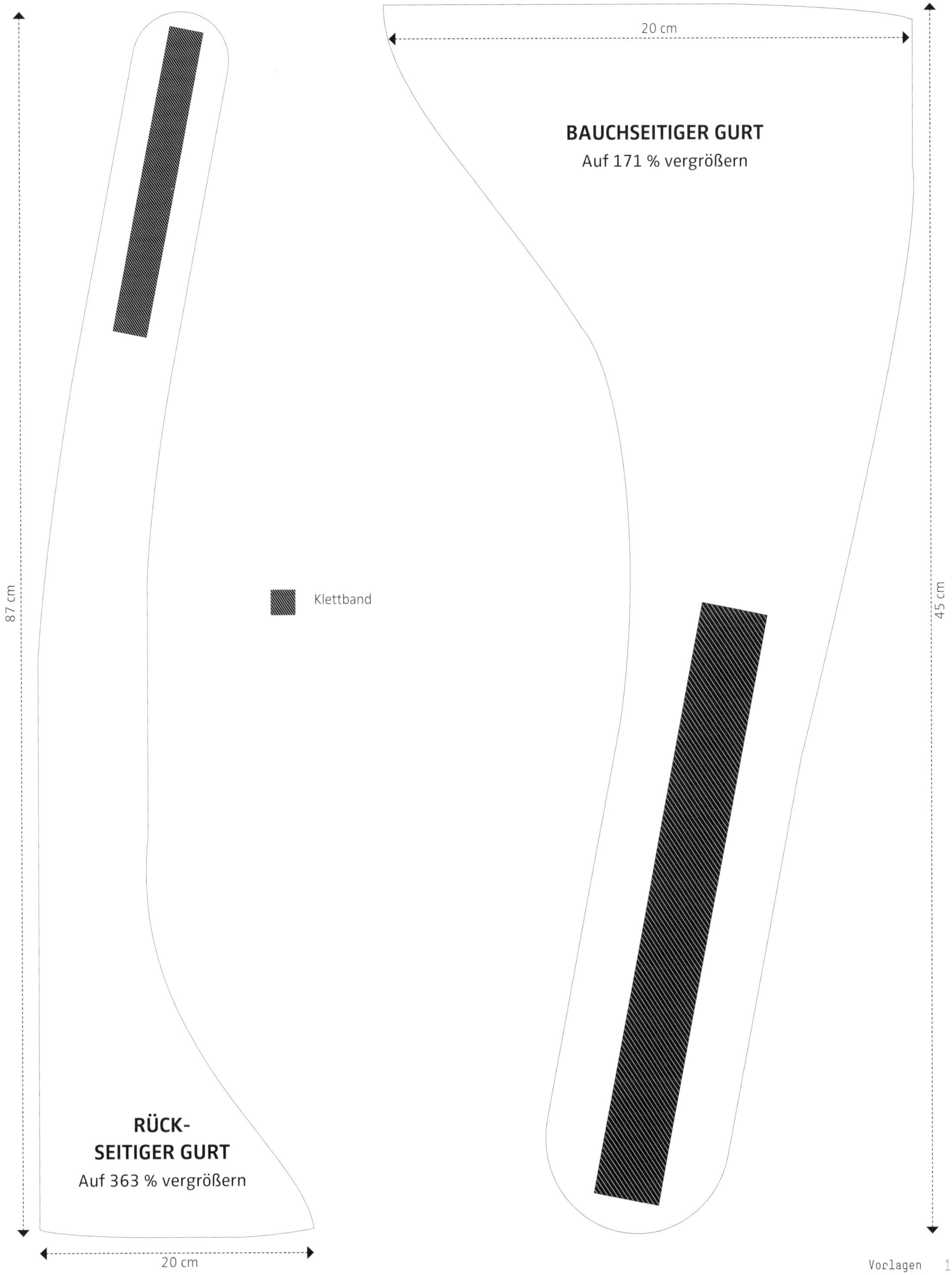
87 cm
RÜCK-
SEITIGER GURT
Auf 363 % vergrößern
20 cm
Klettband
20 cm
BAUCHSEITIGER GURT
Auf 171 % vergrößern
45 cm

Bowling-Abend

Seite 124

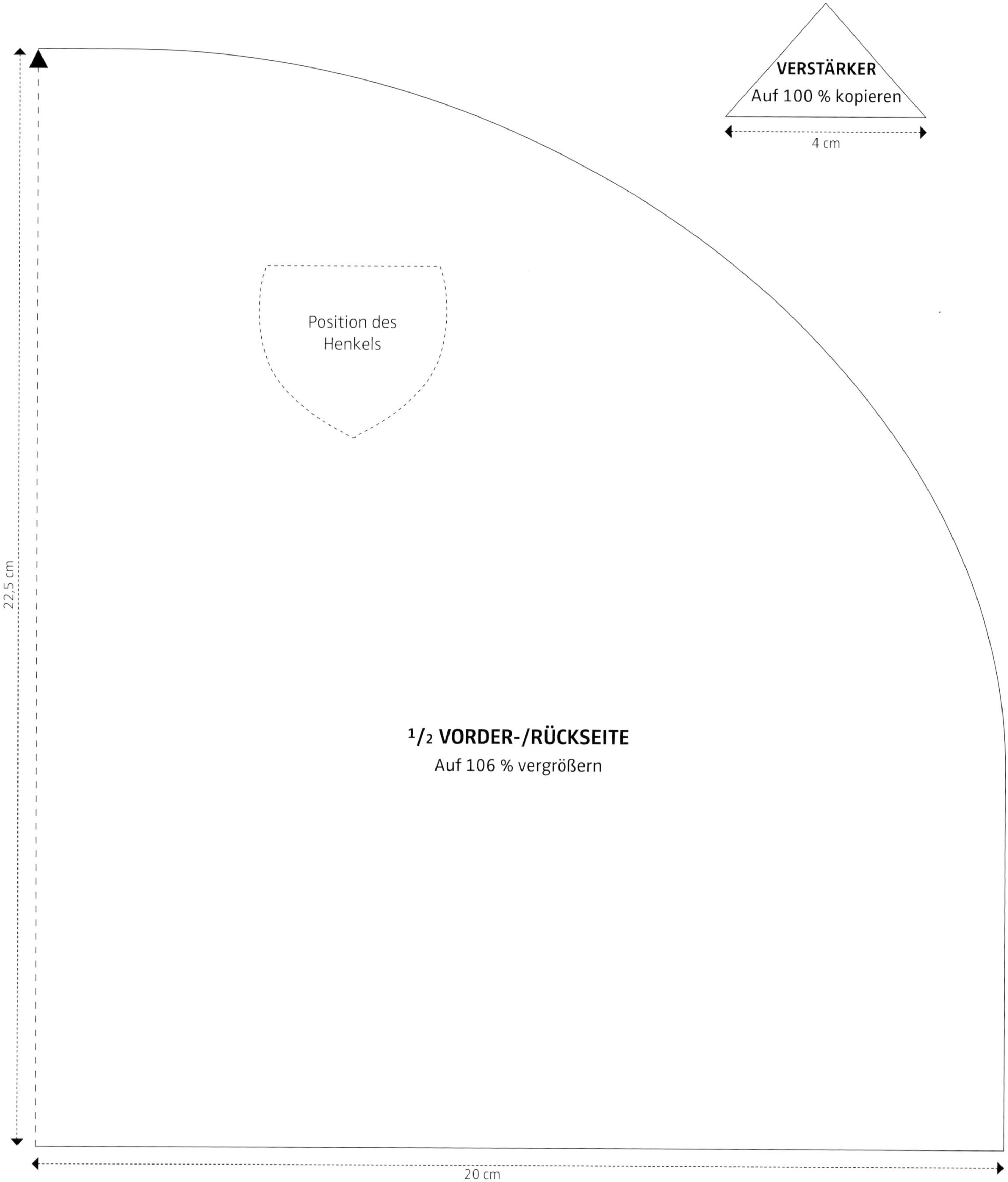

Bulgomme®

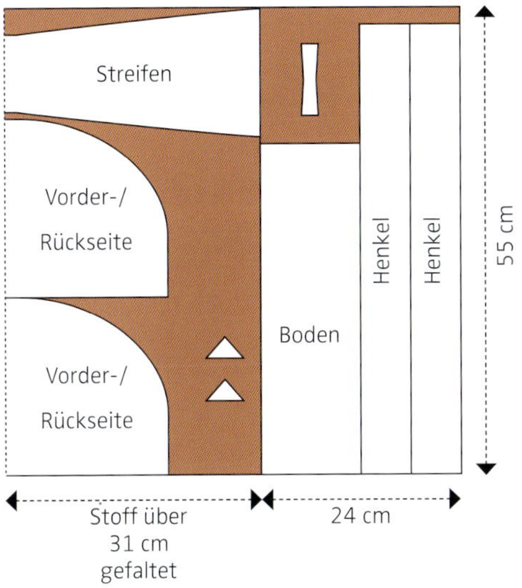

Rosa Baumwoll-Twill

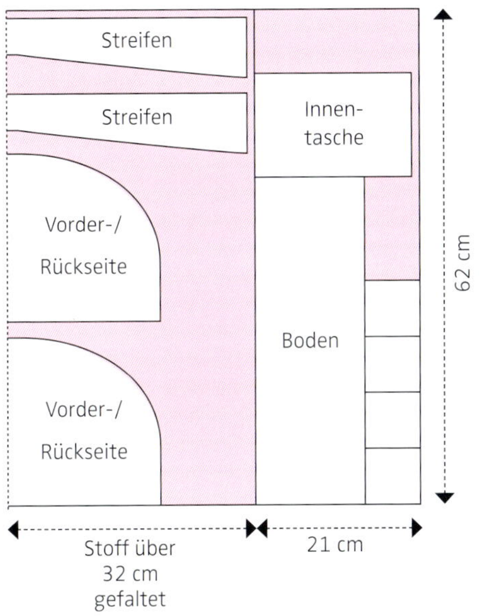

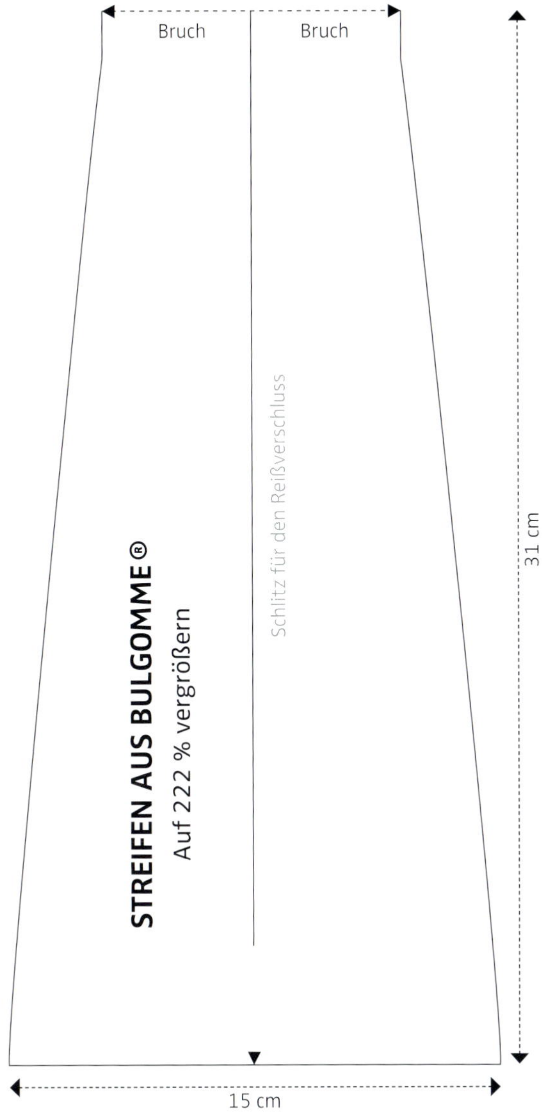

GRIFF

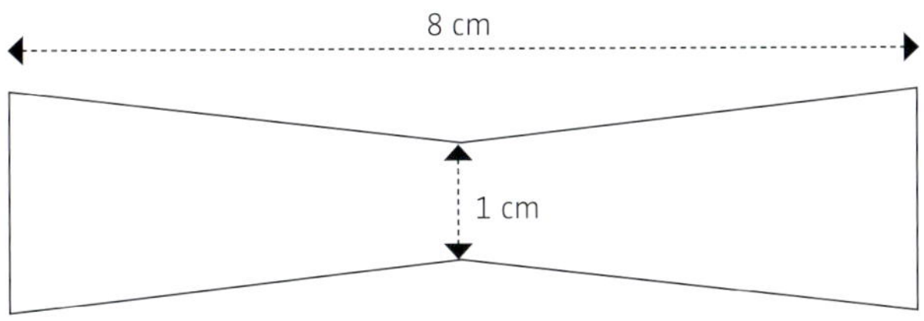

Künstliches Kroko

Seite 130

Schwarzer paillettenbesetzter Stoff

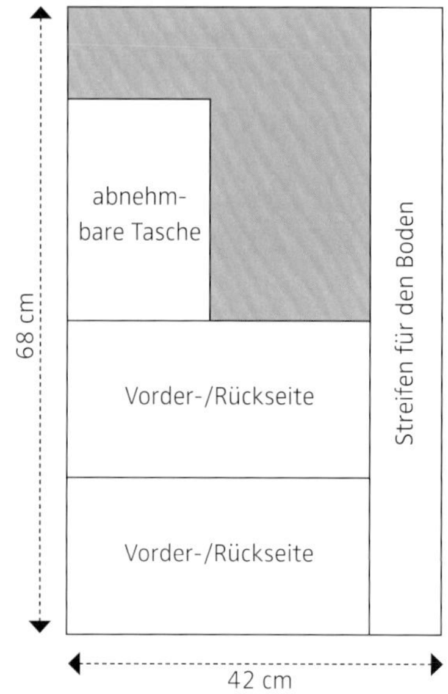

Schwarzer Baumwoll-Twill

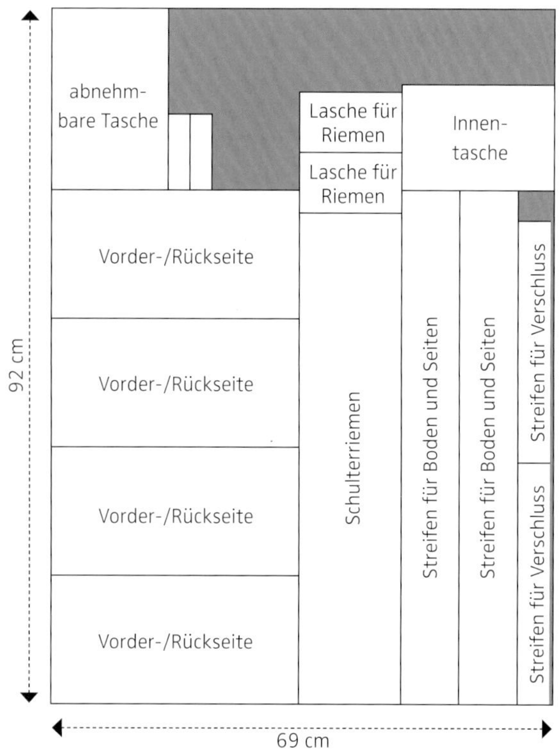

Mollton